Sophie Trudeau • Ginette Létourneau

manuel

INTERDISCIPLINAIRE

A

2ᵉ cycle

GRAFICOR

MEMBRE DU GROUPE MORIN

171, boul. de Mortagne, Boucherville (Québec) J4B 6G4

Tél.: (450) 449-2369 • Téléc.: (450) 449-1096

Mes chantiers

Manuel A

Supervision du projet et révision linguistique
Martine Brassard

Correction d'épreuves
Solange Tétreault

Conception graphique et direction iconographique
diabolo-menthe

Mascotte
Michel Grant
Raymond Lafontaine (coloration)

Données de catalogage avant publication (Canada)

Trudeau, Sophie

Mes chantiers : 2e cycle. Manuel interdisciplinaire A [-B]

Pour les élèves de l'élémentaire.

ISBN 2-89242-877-7 (v. 1)
ISBN 2-89242-878-5 (v. 2)

1. Français (Langue) – Problèmes et exercices – Ouvrages
pour la jeunesse. 2. Sciences humaines – Problèmes
et exercices – Ouvrages pour la jeunesse. 3. Sciences –
Problèmes et exercices – Ouvrages pour la jeunesse.
4. Technologie – Problèmes et exercices – Ouvrages
pour la jeunesse. 5. Activités dirigées – Ouvrages pour
la jeunesse. I. Létourneau, Ginette. II. Titre.

PC2112.T79 2002   448'.0076   C2002-940833-4

Nous reconnaissons l'aide financière du gouvernement
du Canada par l'entremise du Programme d'aide
au développement de l'industrie de l'édition
pour nos activités d'édition.

Gouvernement du Québec – Programme de crédit d'impôt
pour l'édition de livres – Gestion SODEC

Dépôt légal : 3e trimestre 2002
Bibliothèque nationale du Québec

ISBN 2-89242-877-7

Imprimé au Canada 1 2 3 4 5 6 – 5 4 3 2

Illustrations
Sophie Casson, p. 108-111, 130-131, 176-181
Philippe Germain, p. 52-53, 76-78, 129, 142-145, 167
François Girard/©Vidéanthrop, p. 112 (maison longue),
    113 (wigwam), 114, 115, 116, 117
Michel Grant, p. 7, 16-17, 18-19, 20-21, 22, 24, 33, 37,
    39, 43, 44-45, 46, 51, 56, 65, 66, 67, 82, 85, 87, 92,
    93, 98, 101, 105, 106, 107, 116, 119, 120-121, 123,
    125, 126, 127, 133, 134-135, 147, 148, 149, 151,
    161, 162, 165, 175, 182, 185
Élise Gravel, p. 8-13, 28-31, 48-49, 68-69, 128, 136-138,
    152-155
Gabrielle Grimard, p. 74-75
Stéphane Jorisch, p. 132
Bertrand Lachance, p. 32-33, 36-37, 39, 41, 94-98, 100,
    158, 161, 163
Dany Lavoie, p. 34-35, 38
Céline Malépart, p. 70-71, 72-73, 88-91, 139-141

Photos
Meirav Appel-Paz, p. 92
Archives photographiques Notman, Musée McCord
    d'histoire canadienne, Montréal, *Horse and carriage
    for Miss McIntyre*, copied 1898, II-124757, p. 59
Artville, p. 40 (flûte), 43 (patins et pomme)
Comstock Images, p. 7, 66, 68-69 (flocon), 79-81
    (fond de sable), 112-118 (bande), 151, 174, 184
    (télégraphe), 192
Corel, p. 164 (montgolfière)
Digital Vision, p. 100
EyeWire, p. 15 (babillard), 23, 35, 36, 40 (tuba), 42, 57,
    62, 82, 102, 122, 146, 157, 159, 164 (tableau), 168,
    170, 182, 183, 190
Fondation Historica et Poste Canada, p. 59 (navire)
Getty Images, p. 15 (punaises), 25, 45, 83, 120, 123, 127
    148, 173
Michel Laforest, p. 6, 124 (*sauf* capteur de rêves)
McWatters inc., p. 55 (mine)
PhotoDisc, p. 41, 43 (*sauf* patins et pomme), 47, 55
    (pilône), 56, 58, 60, 67, 68-69 (*sauf* flocon), 73,
    79-81 (*sauf* fond de sable), 87, 100-101 (bande),
    104, 107, 146, 159 (ancre), 162, 163, 164-166
    (bande), 167-169 (bande), 168 (globe), 169, 175,
    184 (téléphone), 188, 189
Publiphoto/P.G. Adam, p. 61
SuperStock/Philip & Karen Smith, p. 54; p. 165, 166
Patrick Trudeau, p. 124 (capteur de rêves)

Couverture
Comstock (coffre au trésor, livres, virevent)
PhotoDisc (blocs, maison, souris, wigwam)

Table des matières

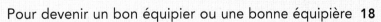

Symboles utilisés dans le manuel

 Document reproductible

 Portfolio

 Grammaire du 2e cycle

 Renvoi à une page du manuel

Conseils et façons de faire

1 Partir du bon pied

Dans **PARTIR DU BON PIED**, tu trouveras de l'information et tu feras des activités pour bien commencer le 2e cycle. Au fil du module, tu utiliseras tes ressources personnelles et tu apprendras à devenir un bon équipier ou une bonne équipière. Tu apprendras aussi à préparer tes lectures et à écrire une lettre d'invitation.

Réagis à la carte d'exploration ci-dessous et **active** tes idées.

• Quelles questions te poses-tu en ce début de cycle ?

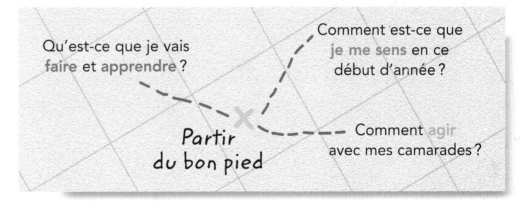

Qu'est-ce que je vais faire et apprendre ?

Comment est-ce que je me sens en ce début d'année ?

Partir du bon pied

Comment agir avec mes camarades ?

Planifie un projet pour te faire connaître, mieux connaître les autres et découvrir ce que tu apprendras pendant le cycle.

Réalise-le et **présente**-le.

ON POURRAIT ORGANISER UN PIQUE-NIQUE SUR L'HERBE...

PISTES ET IDÉES

- Organiser une activité d'accueil pour la rentrée.
- Présenter la classe et le programme de l'année aux parents.
- Préparer une présentation originale de soi, d'un ou d'une camarade de classe.
- Rédiger les règles de vie de la classe.

chantier 1

Il y a les rentrées heureuses et les autres… Comment s'est déroulée celle de Sarah ? Pour le découvrir, **lis** le texte ci-dessous.

 Que fais-tu pour te préparer à lire un texte ?
Partage tes connaissances.

Survole le texte.

— Lis le titre. Regarde les illustrations et la disposition du texte.

Apprends comment faire un survol en suivant les flèches rouges. Avant de lire le texte, retrouve-moi à la page 13 pour faire un bilan et continuer ta préparation.

Titre ➡ # La rentrée de Sarah

➡ **PARTIE 1**

Être le chat de Sarah, ce n'est pas toujours drôle ! Elle se fait beaucoup de souci et moi, je suis comme un caméléon : quand ma maîtresse broie du noir, je suis triste aussi.

La voilà qui revient de l'école avec son amie Zoé. Le gros dragon orange à lignes noires les dépose devant la maison. Un vieux dragon qui pète et qui pollue.

INCROYABLE ! C'EST LE CHAT DE SARAH QUI RACONTE L'HISTOIRE !

Aujourd'hui, c'était la rentrée. Tout de suite en voyant Sarah, je saurai si elle a aimé sa première journée d'école. Avec les années, je suis devenu un expert: je peux identifier toutes les émotions qui passent sur son visage.

Bon, je la vois maintenant d'assez près. Mais… il y a de petites vagues sur son front. Ses yeux sont remplis de nuages prêts à éclater. Un silence pesant l'entoure. Absorbée dans ses pensées, elle passe à côté de moi sans s'arrêter.

Illustration

Explique comment Sarah se sent après sa première journée d'école.

• Quels mots du texte te l'apprennent ?

• D'après toi, pourquoi Sarah est-elle comme ça ?

PARTIE 2

Le chat suit Sarah dans la maison.

•

Tiret ➤

Les tirets indiquent que des personnages parlent.

— Quelque chose ne va pas, Sarah ? demande Anne, sa mère.

Six mots ont suffi pour que Sarah éclate en sanglots. Ses larmes chaudes n'en finissent plus de couler. Zut ! elles vont effacer toutes ses taches de rousseur.

— Qu'est-ce qui ne va pas, mon cassou ? demande encore Anne en amenant Sarah vers le fauteuil le plus moelleux du salon.

Sarah est comme une rivière qui déborde. Son chagrin m'envahit le cœur. Je me fais une place entre elle et sa mère. Je caresse Sarah avec ma petite tête, très doucement, du mieux que je peux.

Anne n'arrive pas toujours à réconforter Sarah... Par contre, mes gestes tendres font des miracles. La preuve ? Encouragée par mes caresses, Sarah commence enfin à expliquer ce qui lui arrive.

Illustration ➤

— Guillaume m'a dit des méchancetés dans l'autobus.

— Encore ce Guillaume ! lance sa mère, satisfaite de la première explication venue.

Pourtant, quelque chose de plus grave fait pleurer Sarah. Je le sens, je le sais ! J'ai de bonnes antennes : quand ça vibre dans mes vibrisses, je ne me trompe jamais.

— Maman !

— Oui, ma chérie ?

— Ce n'est pas tout…

Illustration ➤

Dis comment l'histoire de Sarah te touche.
• Si tu pouvais parler à Sarah, comment la consolerais-tu ?

Fais des prédictions sur la suite de l'histoire.
• Selon toi, quel autre malheur fait pleurer Sarah ?

PARTIE 3

— Qu'est-ce qu'il y a, Sarah ?

— La maîtresse a dit qu'on allait faire du théâtre, cette année. Je ne veux pas faire de théâtre, moi ! J'ai horreur de ça, marmonne Sarah, les yeux bouffis et les joues mouillées. Il va falloir que je parle devant des centaines de personnes.

Faire du théâtre ? Être sur scène devant une salle pleine de gens ? Pauvre Sarah ! Quel cauchemar ! Elle est tellement timide… J'espère au moins qu'elle aura un tout petit rôle. Un rôle où elle n'aura qu'une phrase très courte à dire ou, mieux encore, juste un mot… et de préférence, un mot très, très, très court.

Illustration

La voilà qui recommence à pleurer.

— Tu n'exagères pas un peu, ma chérie ? insinue Anne, en me poussant par terre pour aller chercher les mouchoirs de papier.

— Non, je n'exagère pas. On va jouer devant TOUS les parents, TOUS les professeurs et TOUS les autres élèves de TOUTE l'école ! répond Sarah d'une voix tremblotante.

Tiré d'Agathe Génois, ill. par Bruno St-Aubin,
À toi de jouer, Sarah !, Saint-Lambert,
Dominique et compagnie, 2000,
p. 7-11. (coll. Libellule)

 Demande-toi ce que ton survol t'a appris.
— De quelle sorte de texte s'agit-il ? Comment le sais-tu ?
— Que t'ont appris les illustrations ?

 Continue ta préparation en précisant ton intention de lecture.
— Demande-toi pourquoi tu liras le texte.
Exemple : Je veux lire le texte pour voir s'il est intéressant.

Maintenant, lis le texte.

Récapitule l'essentiel de l'histoire de Sarah. Cela te permettra de vérifier si tu as compris.
- Où et quand se déroule l'histoire ?
- Quels sont les deux problèmes de Sarah ?

Fais des liens entre l'histoire de Sarah et ta propre vie.
- Sarah te fait-elle penser à toi ? Pourquoi ?
- Quels conseils lui donnerais-tu pour qu'elle surmonte ses problèmes ?

Qu'est-ce que tu feras et apprendras au 2ᵉ cycle ? Pour le savoir, **lis** le texte ci-dessous.

Prépare ta lecture en survolant le texte.
– Lis le titre et les intertitres. Regarde les illustrations, le tableau et la disposition du texte.

Suis les flèches pour faire ton survol. Avant de lire le texte, retrouve-moi à la page 17.

Titre ➡ # Les défis du deuxième cycle

Intertitre ➡ ## Ce que tu apprendras

Ton manuel te servira à voir l'essentiel dans trois disciplines.

Français

- Lire et écrire toutes sortes de textes.
- Participer à de nombreuses discussions sur des sujets variés.
- Apprécier des œuvres littéraires.

Géographie, histoire et éducation à la citoyenneté

- Décrire comment une société vit sur son territoire.
- Expliquer les changements dans une société et sur son territoire.
- Comparer différentes sociétés, leur territoire et leur façon de vivre.

Science et technologie

- Identifier des problèmes et les résoudre.
- Utiliser et fabriquer des instruments, expérimenter des façons de faire.
- Communiquer des solutions et des découvertes.

Explore ton manuel pour repérer les modules où tu feras surtout :
- de la géographie, histoire et éducation à la citoyenneté ;
- de la science et technologie ;
- du français.

- Comment les reconnais-tu ? Par les titres ? les illustrations ? le vocabulaire ?

14   MODULE 1

Les compétences «transversales» que tu développeras

Au fil du temps et dans toutes les disciplines, tu développeras des **compétences transversales**. Ce sont des compétences qui te seront utiles toute la vie et dans une foule de situations.

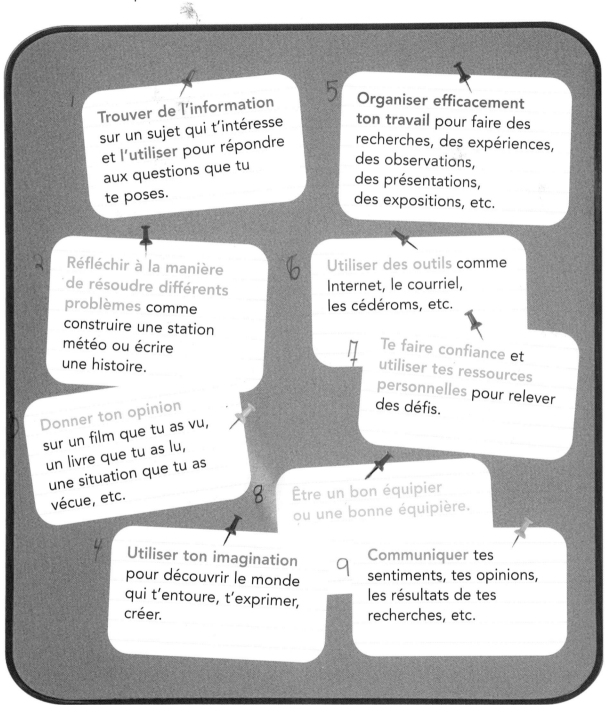

1. **Trouver de l'information** sur un sujet qui t'intéresse et l'utiliser pour répondre aux questions que tu te poses.

5. **Organiser efficacement ton travail** pour faire des recherches, des expériences, des observations, des présentations, des expositions, etc.

2. **Réfléchir à la manière de résoudre différents problèmes** comme construire une station météo ou écrire une histoire.

6. **Utiliser des outils** comme Internet, le courriel, les cédéroms, etc.

7. **Te faire confiance** et utiliser tes ressources personnelles pour relever des défis.

3. **Donner ton opinion** sur un film que tu as vu, un livre que tu as lu, une situation que tu as vécue, etc.

8. **Être un bon équipier ou une bonne équipière.**

4. **Utiliser ton imagination** pour découvrir le monde qui t'entoure, t'exprimer, créer.

9. **Communiquer** tes sentiments, tes opinions, les résultats de tes recherches, etc.

Montre que tu as déjà commencé à utiliser ces compétences.

- Décris des activités que tu as déjà faites à la maison ou à l'école pour développer quelques-unes de ces compétences.

Comment tu apprendras

Comme tu le sais, il y a plusieurs manières d'apprendre :

- consulter des livres;
- questionner des personnes;
- observer des gens, des objets et des phénomènes;
- écouter les autres;
- faire des expériences;
- réfléchir;
- réaliser des projets…

Dans chaque module, tu réaliseras un projet qui te permettra d'utiliser tes connaissances et d'en construire de nouvelles. Ce sera un peu comme construire un édifice : tu suivras des étapes et, souvent, tu travailleras avec d'autres personnes.

Illustration ⬅

16

Illustration ➡

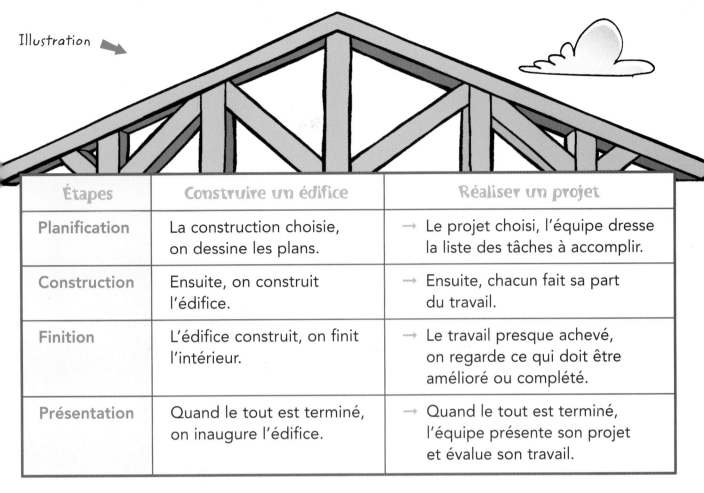

Étapes	Construire un édifice	Réaliser un projet
Planification	La construction choisie, on dessine les plans.	→ Le projet choisi, l'équipe dresse la liste des tâches à accomplir.
Construction	Ensuite, on construit l'édifice.	→ Ensuite, chacun fait sa part du travail.
Finition	L'édifice construit, on finit l'intérieur.	→ Le travail presque achevé, on regarde ce qui doit être amélioré ou complété.
Présentation	Quand le tout est terminé, on inaugure l'édifice.	→ Quand le tout est terminé, l'équipe présente son projet et évalue son travail.

Tableau ⬆

 Demande-toi ce que ton survol t'a appris.

– Ce texte est-il une histoire ? Comment le sais-tu ?

– Quel est le sujet du texte ? De quoi sera-t-il question dans chaque partie du texte ?

 Continue ta préparation en précisant ton intention de lecture.

– Demande-toi pourquoi tu liras le texte.

Exemple : Je veux lire le texte pour en savoir plus sur «Réaliser un projet».

Maintenant, lis le texte.

Montre que tu as déjà travaillé à des projets.

• Décris-en quelques-uns que tu as réalisés à l'école ou ailleurs.

Fais d'autres liens avec ta vie.

• En quoi le 2ᵉ cycle ressemble-t-il au 1ᵉʳ ?

• Qu'est-ce qui te semble nouveau ? différent ?

Travailler en équipe, ce n'est pas toujours facile. Mais comme le reste, ça s'apprend et ça se prépare ! Comment ? Pour le savoir, **lis** le texte.

 Prépare-toi à lire efficacement: survole le texte et précise ton intention de lecture.

Faire équipe

Imagine une partie de hockey.

«Éric passe la rondelle à Karim. Karim envoie le disque à Natacha. Natacha déjoue les défenseurs, lance et compte ! Quel beau but !»

Travailler en équipe, c'est cela. C'est travailler ensemble pour atteindre un objectif commun.

Travailler en équipe, ça s'apprend

Dans ta classe, pourra-t-on compter sur toi ? Pour te distinguer comme coéquipier ou coéquipière, suis les conseils ci-dessous.

Pour devenir un bon équipier ou une bonne équipière...	
• Participe avec enthousiasme.	• Trouve de nouvelles idées et communique-les.
• Respecte les autres.	• Justifie tes idées.
• Accepte les différences.	• Critique les idées et non les personnes.
• Encourage tes coéquipiers.	• Partage l'espace et le matériel.
• Demande de l'aide ou donnes-en.	• Concentre-toi sur ta tâche.

Prépare-toi à travailler en équipe.

- Quels sont les avantages et les inconvénients du travail d'équipe ?
- Propose des solutions pour éliminer les inconvénients.

Montre que le travail d'équipe est important dans la vie.

- Questionne une personne de ton entourage à ce sujet.

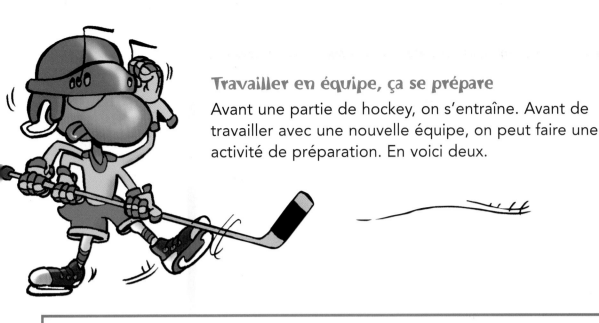

Travailler en équipe, ça se prépare

Avant une partie de hockey, on s'entraîne. Avant de travailler avec une nouvelle équipe, on peut faire une activité de préparation. En voici deux.

Le dessin à plusieurs mains	
Matériel requis	**Déroulement**
• Une grande feuille de papier par équipe • Un crayon de couleur pour chaque membre de l'équipe	→ Choisir un sujet de dessin comme une maison ou un paysage. → Sur la grande feuille de papier et en silence, travailler en équipe au même dessin. → Quand le dessin est terminé, chacun lui trouve une qualité et propose une amélioration.

Le casse-tête à plusieurs mains	
Matériel requis	**Déroulement**
• Un casse-tête facile par équipe • Un petit sac pour chaque membre de l'équipe	→ Répartir les pièces du casse-tête dans les sacs. → Sans regarder le modèle, assembler le casse-tête en équipe. Personne ne peut prendre ni placer les pièces d'un autre membre. Par contre, on peut faire des suggestions et s'encourager.

Commence tout de suite à développer un bon esprit de groupe.

• Avec ton équipe, choisis une des deux activités et effectue-la.

Le CLUB ? Qu'est-ce que ça peut être ? Veux-tu en faire partie ? Cela pourrait changer ta vie de lecteur ou de lectrice… Comment ? Pour le savoir, **lis** le texte.

Prépare ta lecture : survole le texte et précise ton intention de lecture.

Dis-moi ce que tu lis…

Le CLUB, est-ce pour toi ?

Choisis l'énoncé qui te représente le mieux comme lecteur ou lectrice. Ensuite, lis le paragraphe correspondant.

☐ **Je lis beaucoup.**

Fantastique ! Dans le CLUB, tu liras encore plus, tu partageras tes connaissances sur les livres et tu feras des suggestions de lecture. On compte sur toi !

☐ **Je n'aime pas lire, surtout pas des romans.**

Lire t'ennuie ? Fantastique ! Le CLUB pourrait te faire découvrir le livre que tu attendais, la perle rare qui te donnera le goût de lire. Ouvre l'œil !

☐ **Je lis quand j'y pense. Mais je n'y pense pas souvent…**

Fantastique ! Le CLUB te fournira plusieurs occasions d'y penser. Il y a tant de bonnes histoires à découvrir ! Bonnes lectures !

Le CLUB, qu'est-ce que c'est ?

Le CLUB, c'est le **C**ercle des **l**ecteurs **u**ltra-**b**ranchés. Des élèves, groupés en équipes, lisent des histoires, se rencontrent et en discutent. Certaines histoires plaisent beaucoup, d'autres moins. Ce qui compte, c'est d'en parler !

Le CLUB, comment ça fonctionne?

1. Tu choisis une histoire.

> ### Pour choisir un livre
>
> - **Observe** la couverture et la quatrième de couverture. Est-ce que le titre t'intéresse? Que t'apprend l'illustration?
> - **Repère** le nom de l'auteur ou de l'auteure. As-tu déjà lu de ses livres?
> - **Ouvre** le livre à une page au hasard et lis quelques lignes. Ce que tu lis te plaît-il?

2. Tu lis ton histoire.

Tu lis souvent, un peu partout et comme ça te plaît.

3. Tu te prépares pour la rencontre de ton **CLUB**.

Sur une fiche, tu laisses quelques traces de ta lecture.

4. Tu parles de ta lecture.

Tu échanges sur ce que tu as le plus ou le moins aimé, sur les prouesses des personnages, sur la beauté des illustrations, etc.

 Fais le point sur les stratégies «survole le texte» et «précise ton intention de lecture».

Fais part de ta réaction au CLUB.

- Qu'est-ce qui t'intéresse ou t'inquiète?
- Par quelle histoire aimerais-tu commencer?

Chantier d'écriture

Écrire pour être lu, c'est excitant ! Et c'est ce que tu feras au 2e cycle ! Pour avoir une idée du travail d'écriture qui t'attend, lis ce qui suit.

Réussir ses pirouettes

Écrire un bon texte, ce n'est pas facile. C'est comme faire une belle pirouette ! Il faut du temps pour réfléchir, du courage pour se lancer et de la patience pour s'améliorer.

Avant d'exécuter une pirouette, tu te poses des questions : où poser les mains ? comment rouler ? où atterrir ? Ensuite, tu fais des essais et tu perfectionnes ta technique. Puis tu recommences ta pirouette, encore et encore, pour l'améliorer. Un jour, ça y est ! Elle est prête et tu la présentes au public.

Écrire, c'est pareil : on réfléchit à son texte, on écrit un premier jet, on le récrit, on le corrige… Après toutes ces étapes, le texte est prêt. On le met au propre et on le diffuse.

> QUAND J'ÉCRIS À L'ORDI, JE PRENDS DEUX SOURIS…

Dans ton manuel, neuf chantiers d'écriture t'apprendront les étapes de l'écriture. Pour savoir ce que contient chacun de ces chantiers, survoles-en un.

Une lettre pour inviter

Tu veux inviter quelqu'un à participer à un de tes projets ?
Bonne idée ! Écris-lui une lettre d'invitation.

J'invite des jeunes de la maternelle pour leur lire un conte.

J'invite mes parents à la présentation de l'année.

J'invite la directrice de l'école à notre exposition.

Analyse la situation.

 PAGE 44

Réfléchis à ta lettre.

- À qui écris-tu ?
- Qui signera la lettre ?

Précise ton intention d'écriture.
— Demande-toi pourquoi tu écris cette lettre.

Prépare le terrain.

Rappelle-toi ce que tu sais à propos des lettres en général.

- As-tu déjà lu ou reçu une lettre ? À quoi ressemblait-elle ?
- As-tu déjà écrit une lettre ? Comment as-tu fait ?

Dresse la liste des informations à donner à la personne que tu invites.

Écris ton premier jet.

Écris ta lettre d'invitation comme tu penses qu'elle doit être.

- Bien sûr, ton premier jet ne sera pas parfait. Il te servira à faire de nouveaux apprentissages.

MONTRER MA LETTRE MÊME PAS FINIE ? C'EST GÊNANT...

Compare ta lettre d'invitation avec celles de tes camarades.

- Remarque ce qui est semblable et différent d'une lettre à l'autre.

Observe les lettres d'invitation ci-dessous pour en découvrir les parties.

- Compare les parties **A** des deux lettres. Ensuite, fais la même chose avec les autres parties.

Regarde comment les autres ont fait.

LETTRE D'INVITATION 1

A Le 18 septembre 2002

B Monsieur le Directeur,

C Nous vous invitons à notre dîner de classe.

D Le dîner aura lieu au local 302, le mardi 2 octobre. Il commencera à midi.

E Nous espérons tous que vous serez là.

F François Tétreault
pour la classe de Josée

LETTRE D'INVITATION 2

A Le 5 mars 2003

B Mamie Denise,

C Je t'invite à l'Expo-sciences de mon école. Tu verras, j'ai fait des vêtements en papier. C'est super !

D Je t'attendrai à l'entrée de l'école le jeudi 15 mars à 16 heures.

E Un bec et une caresse !

F Solveig

Compare ton premier jet avec les deux modèles.

- Pour entrer en contact avec ton ou ta destinataire, est-ce que tu devrais utiliser le *tu* ou le *vous* ?
- Penses-tu que tu as commencé et terminé ta lettre de la bonne manière ?
- Que devrais-tu garder ou modifier sur ton premier jet ?

Apprends du nouveau sur la lettre.  PAGE 49

Remplis ta *Fiche de récriture d'une lettre d'invitation* pour retenir ce que tu as appris.

Récris ta lettre pour l'améliorer.

- Consulte ta *Fiche de récriture d'une lettre d'invitation*.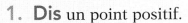

Fais lire ta lettre améliorée à une ou plusieurs personnes.

- Écoute les commentaires et tiens compte des meilleurs.
- Apporte les dernières modifications à ton texte.

Pour commenter le travail d'une autre personne

1. **Dis** un point positif.
   - Qu'est-ce que tu aimes le plus dans la lettre de l'autre ?
2. **Dis** un point à changer ou à compléter.
   - Qu'est-ce que tu améliorerais ? Pourquoi ? Comment ?
3. **Respecte** l'autre personne.
   - Souris, aide, encourage…

Corrige ta lettre à l'aide de ta *Fiche de correction*.

Transcris ta lettre au propre.

Envoie ta lettre, mais gardes-en une copie.

 Fais le point sur l'utilité de préciser son intention d'écriture.

Évalue la démarche suivie pour écrire ton texte.

Garde des traces des étapes de ton travail. Avant d'écrire ta prochaine lettre d'invitation, pense à les consulter !

D'un côté, le bâton se termine en POINTE noire;
de l'autre, il finit en carré
et un petit morceau rose dépasse
d'un anneau DORÉ. Quel objet étrange!
Kouria prend le bâton dans sa MAIN.
Il est tout LÉGER et tout lisse.
IL RISQUE SON DOIGT SUR LA POINTE.
Ça pique.
Le bout rose est plus doux que le reste.
Kouria RENIFLE le bâton
jaune. Son odeur
ne ressemble à rien
de ce qu'il connaît.

Utiliser ses sens, c'est le premier moyen de trouver de l'information. Tous les scientifiques le savent. Kouria le sait. Toi aussi... Toute ta vie, tu utiliseras tes sens pour découvrir ce qui t'entoure. Prends-en soin.

Tiré de Angèle Delaunois, «Le bâton jaune», *Le crayon et le collier*, Ottawa, Éd. Pierre Tisseyre, 2001, p. 18-19.

② Nos sens

Que sais-tu à propos de tes sens ? Pourraient-ils te jouer des tours ? Le module NOS SENS t'invite à explorer ces petites merveilles. Tu y trouveras de l'information pour répondre à tes questions et réaliser des projets. Tu apprendras à organiser efficacement tes expériences et à faire des prédictions pour mieux lire. Finalement, tu t'aideras d'un de tes sens pour écrire une comptine.

Réagis à la carte d'exploration ci-dessous et active tes idées.
• Quelles questions te poses-tu sur tes sens ?

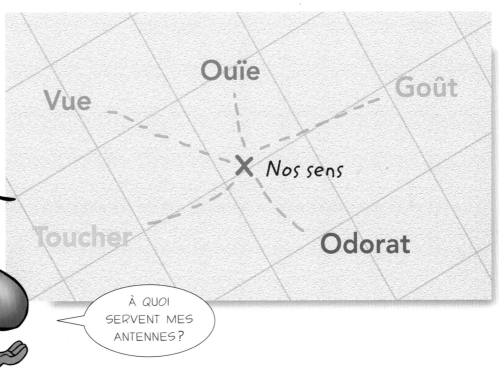

À QUOI SERVENT MES ANTENNES ?

Planifie un projet pour mieux connaître tes sens.
Réalise-le et présente-le.

___PISTES ET IDÉES___

- Faire une ou plusieurs expériences sur les sens.
- Fabriquer un instrument de musique qui produit des sons variés.
- Mener une enquête sur les mets préférés.

Voler des odeurs, est-ce possible ? Tu le sauras en lisant l'histoire de Sanji.

Prépare ta lecture en faisant des prédictions sur l'histoire.

— Survole le titre et les illustrations. Ensuite, dis ce que tu penses qu'il arrivera.

Exemple : Je prédis qu'il y aura de la chicane parce qu'une image montre un personnage en colère.

Pour vérifier si tu as vu juste, lis le texte.

Sanji, le voleur d'odeurs

PARTIE 1

Un beau jour, Sanji le grand voyageur arriva à Fratsia, une ville fameuse pour son commerce de soies colorées, d'épices et de pierres précieuses. Il y dénicha une petite chambre et s'y installa. Cette chambre se trouvait juste au-dessus d'une boulangerie.

•

Au réveil, Sanji avait immédiatement le nez chatouillé par des odeurs exquises. Celle du pain doré, tout droit sorti du four… Celle des biscuits fondants aux grains de sésame…

Sanji se précipitait sur son balcon et respirait à pleins poumons l'odeur divine. Il la reniflait, il s'en remplissait les narines. Mmmmm… Des petits pains à la cannelle. Il lui en fallait un !

Sanji alla donc acheter le plus petit des petits pains à la cannelle (car il était fort pauvre). «Si vous saviez comme j'aime respirer l'odeur de votre four sur mon balcon!» dit-il au boulanger. L'autre ne répondit rien, mais ses yeux se rétrécirent d'un coup et il regarda Sanji d'un œil venimeux.

Ce soir-là, quand Sanji rentra chez lui, il courut sur son balcon pour régaler son nez des parfums délicats qui montaient du rez-de-chaussée. Plein de rêves parfumés, il ne vit pas le boulanger qui l'espionnait. Le manège dura quelques jours.

Mais un soir, le boulanger tambourina comme un fou à la porte de Sanji.

«Voleur d'odeurs! hurla le boulanger.

– P... Pardon? balbutia Sanji qui n'y comprenait rien.

– Tu crois peut-être que je n'ai pas repéré ton petit jeu? grogna l'homme. Voilà des jours que tu renifles l'odeur de mes gâteaux. Tout a un prix. Paye-moi.»

Sanji haussa les épaules. «Ridicule! Les odeurs sont à tout le monde, boulanger!»

Le commerçant agita le poing sous le nez de Sanji. «Mauvais payeur, avec ça! On va voir ce que le juge en pensera!»

Fais des prédictions sur la suite de l'histoire.

• Selon toi, que pensera le juge de toute cette affaire?

Les deux hommes se rendirent au tribunal. Le juge écouta le boulanger
lui expliquer toute l'affaire. Puis il questionna Sanji et lui ordonna
de revenir le lendemain matin avec cinq pièces d'argent.
Sanji, très pauvre, emprunta les cinq pièces à ses amis.

•

Le lendemain, le juge plaça devant lui un large bol en cuivre
et ordonna à Sanji d'y jeter les pièces une à une.

«Maintenant, écoute attentivement», dit-il au boulanger.

CLONG! La première pièce résonna bruyamment dans
le bol. TIN! La deuxième tintinnabula gaiement à côté
de l'autre. CLANG! La troisième pièce sonna d'un bruit clair.
CLING! La quatrième fit entendre un tintement sec.
Quant à la dernière, elle cliqueta sur le tas. CLING!
CLANG!

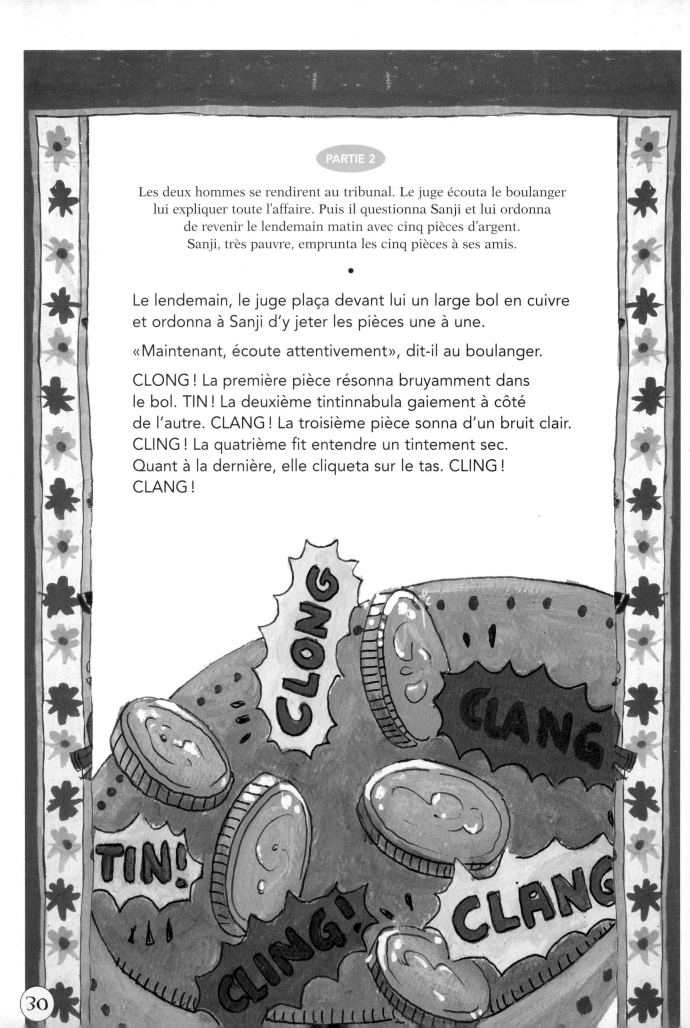

«As-tu bien entendu ces cinq pièces résonner et tinter, boulanger?»

L'autre tendait déjà ses dix doigts crochus vers le bol.

«Plutôt deux fois qu'une, Votre Honneur, ricana-t-il.

– As-tu apprécié leur son sonnant et trébuchant? continua le juge.

– C'est le plus joli bruit que je connaisse, Votre Honneur.

– Alors c'est parfait, dit le juge. Car ce bruit est ton paiement.»

Puis, se tournant vers Sanji:

«Quant à toi, mon ami, tu peux reprendre tes pièces d'argent.

– Grand merci, Votre Honneur», répondit Sanji en songeant à tous les gâteaux de Fratsia qu'il allait pouvoir désormais respirer, humer, renifler jusqu'au plus profond de ses narines.

Tiré de Robin Tzannes et Korky Paul, *Sanji, le voleur d'odeurs*, Éditions Milan, Paris, 1996, p. 9-28, avec l'autorisation d'Oxford University Press.

Vérifie tes prédictions. Lesquelles se confirment?

Fais le tour de l'histoire pour montrer que tu l'as comprise.

Donne ton opinion sur l'histoire que tu viens de lire.

- Qu'as-tu trouvé d'intéressant ou de surprenant?
- Que penses-tu de la réaction du juge?

Comment arrives-tu à sentir et à goûter ? À quoi sert ta peau ?
Quelles informations te donnera le texte sur tout cela ?

 Prépare ta lecture en faisant des prédictions sur le contenu du texte.

— Utilise tes connaissances pour remplir un guide de prédiction.

Pour tester ce que tu sais et apprendre du nouveau, lis le texte.

L'odorat, le goût et le toucher

L'odorat, le goût et le toucher sont des sens merveilleux.
Vois comment fonctionnent les organes de ces sens.

Un nez pour sentir

Ton nez est un organe très sensible. Il peut détecter
une particule odorante parmi un milliard de particules
d'air !

Lorsque tu inspires, l'air passe d'abord à travers des
petits poils qui captent la poussière et les saletés.
Il se rend ensuite jusqu'à la **muqueuse olfactive**.
Cette région du nez détecte les particules odorantes
et envoie un message au cerveau. À ce moment,
tu peux reconnaître une odeur. Les odeurs de base
sont les suivantes : parfumé, acide, putride (odeur
de pourriture) et brûlé.

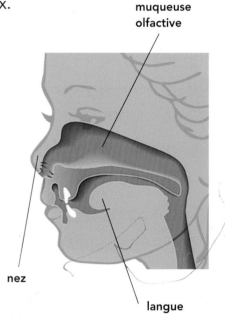

muqueuse
olfactive

nez

langue

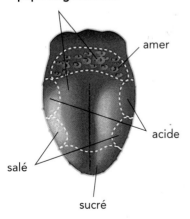

papilles gustatives

amer

acide

salé

sucré

Une langue pour goûter

Ta langue t'aide à parler, à avaler ta nourriture et
à goûter les aliments.

Tire la langue et examine-la dans un miroir. Les petits
points rouges que tu vois sont tes **papilles gustatives**.
Celles-ci te permettent de distinguer quatre saveurs
de base : l'amer, l'acide, le salé et le sucré. Toutes
les saveurs que nous goûtons sont des mélanges des
quatre saveurs de base et des odeurs des aliments.

 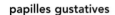

La peau pour toucher

La peau est une mince couche qui recouvre ton corps et le protège des infections.

Prends un objet et décris-le en le palpant. Que peux-tu dire de sa température? de sa texture (lisse, rugueuse, etc.)? de sa dureté? C'est grâce aux milliers de **cellules nerveuses** situées à la surface de ta peau que tu peux détecter toutes ces sensations.

Juste sous la surface de ta peau, on trouve les extrémités des cellules nerveuses. Ces dernières envoient des messages au cerveau à propos de la douleur, de la pression et de la température. Lorsque tu as chaud, ta peau produit de la sueur pour te refroidir. Lorsque tu as froid, tes poils se hérissent, c'est-à-dire qu'ils se dressent. Ils peuvent ainsi emprisonner de l'air et former une couche isolante.

JE SUIS BIEN DANS MA PEAU!

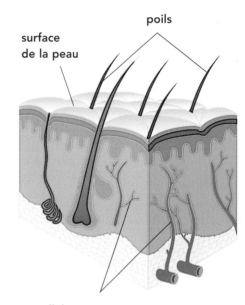

poils

surface de la peau

cellules nerveuses

ALERTE!!!

Tu sens une odeur de fumée? Il y a peut-être le feu. Tu goûtes quelque chose de très, très amer? C'est peut-être toxique, mieux vaut ne pas avaler. Tu retires vivement ta main d'un objet brûlant? La douleur t'a évité une brûlure plus grave. En somme, tes sens peuvent te sauver la vie!

Relève cinq mots scientifiques employés dans le texte.

Vérifie tes prédictions.

- Remplis à nouveau le guide de prédiction. Au besoin, réfère-toi au texte.
- Compare les choix que tu as faits avant et après la lecture.
- Dis ce que tu savais déjà et ce que tu as appris.

Est-ce qu'on goûte mieux si on sent ? Pour répondre à une telle question ou pour résoudre certains problèmes, on peut mener des expériences. Pour savoir comment faire, lis la suite.

Prends connaissance des étapes de la démarche ci-dessous. Profites-en pour terminer l'expérience déjà commencée. Les étapes 1 et 3 sont faites. À toi d'effectuer les autres. Note ce que tu fais avant, pendant et après l'expérience.

Démarche pour mener une expérience

Expérience

AVANT

ÉTAPE 1

Énonce ou **choisis** une question.

Est-ce qu'on goûte mieux si on sent ?

ÉTAPE 2

Formule une hypothèse.
- Je pense que…
- Pour le vérifier, je dois…

ÉTAPE 3

Énumère le matériel nécessaire et **décris** le déroulement de l'expérience.

Matériel

morceaux de pomme, de poire, de navet, de pomme de terre ; bandeau

Déroulement

1. Goûter, les yeux bandés, le nez bouché.
2. Goûter, les yeux bandés, le nez non bouché.

PENDANT

ÉTAPE 4

Fais ton expérience.

APRÈS

ÉTAPE 5

Formule une conclusion : dis ce que tu as découvert.

ÉTAPE 6

Compare ta conclusion avec celle d'autres élèves.

Cherche des explications pour mieux comprendre ce que tu as découvert.

Laboratoire

Question de goût...

Expérimente à nouveau la démarche d'expérience pour répondre à une des deux questions de ce laboratoire.

Avant de faire ton expérience, **décris** comment tu t'organiseras.

- Combien de personnes feront les essais ?
- Qui notera leurs réponses ?
- Quel matériel sera nécessaire ? Qui l'apportera ?

Est-ce qu'on goûte mieux si on voit ?

■ MATÉRIEL

- morceaux de pomme, de poire, de navet, de pomme de terre
- bandeau

■ DÉROULEMENT

1. Goûter, les yeux bandés.
2. Goûter, les yeux non bandés.

Est-ce qu'on goûte moins bien si un aliment est d'une couleur inhabituelle ?

■ MATÉRIEL

- jus d'orange avec et sans colorant vert
- jus de pomme avec et sans colorant vert
- eau sucrée avec et sans colorant vert

■ DÉROULEMENT

1. Goûter aux liquides colorés.
2. Goûter aux liquides non colorés.

Explique ce que ces expériences t'ont appris sur les sens.

Dis dans tes mots comment faire une expérience.

Quelles sont les parties de l'œil ? Comment voit-on ?
Que t'apprendra le texte là-dessus ?

 Prépare ta lecture en remplissant un guide de prédiction.

Pour tester ce que tu sais et apprendre du nouveau, lis le texte.

ŒIL MAGIQUE

La vue est le sens le plus utilisé par les êtres humains. À l'aide des yeux, nous voyons la couleur, la transparence, la brillance, la forme, la dimension et la position des objets.

Autour de l'œil

L'œil est bien protégé par les sourcils, les **paupières** et les **cils**. Les sourcils empêchent la sueur de couler dans les yeux. Les paupières, qui clignent à toutes les deux secondes, ont de multiples usages. Elles nettoient la surface des yeux comme des essuie-glace. Elles désinfectent les yeux avec des larmes. Elles se ferment automatiquement si un objet est dirigé vers le visage. Enfin, elles se ferment pour cacher la lumière et le mouvement quand on dort. Situés au bord des paupières, les cils chassent la poussière.

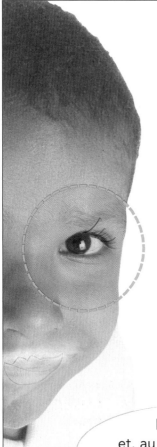

Lis le texte et, au fur et à mesure, pointe les parties de l'œil sur le schéma.

L'œil

L'œil est de la taille d'une balle de ping-pong. Il est protégé par une bosse transparente appelée la **cornée**. Derrière la cornée, il y a l'**iris**, la partie colorée de l'œil. Au centre de l'iris, la **pupille** a l'air d'un cercle noir, mais il s'agit d'une ouverture. Elle semble noire parce que le fond de l'œil est sombre. C'est l'iris qui contrôle la quantité de lumière qui entre par la pupille.

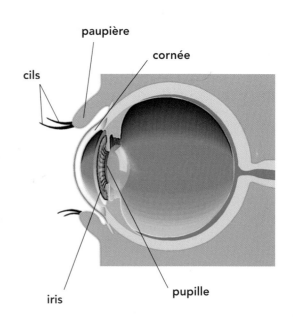

paupière
cornée
cils
iris
pupille

Comment voit-on ?

Dans le noir, on ne peut rien voir. Pour voir un objet, ça prend de la lumière. La lumière éclaire un objet (par exemple, un crayon) et atteint l'œil. Elle entre par la pupille et arrive au **cristallin** juste derrière la pupille. La lumière traverse le cristallin (courbé par des muscles), et une image se forme au fond de l'œil sur la **rétine**. La rétine est comme un ordinateur miniature. Elle transforme la lumière en information envoyée au cerveau, et on voit un crayon !

OUVRE L'ŒIL, ET LE BON !

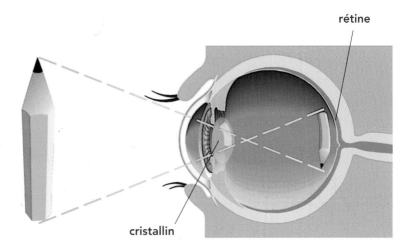

rétine

cristallin

Connais-tu l'expression suivante ?

La nuit, tous les chats sont gris... Cette expression veut dire que, dans l'obscurité, les choses se ressemblent. En effet, quand il y a peu de lumière, on voit moins bien les couleurs. Deux chats de couleur différente peuvent alors passer pour deux chats gris.

Vérifie tes prédictions.

- Réponds à nouveau au guide de prédiction. Au besoin, réfère-toi au texte.
- Compare les choix que tu as faits avant et après la lecture.
- Dis ce que tu savais déjà et ce que tu as appris.

 Fais le point sur la stratégie «fais des prédictions».

Laboratoire

Voir plus loin que le bout de son nez

Fais des expériences pour répondre aux questions de ce laboratoire. N'oublie pas de suivre les étapes de la démarche. ◀ PAGE 34

Est-ce que la pupille est toujours de la même taille ?

■ DÉROULEMENT

1. Demande à un ou une camarade de te regarder. Avec ta main, couvre rapidement un de ses yeux. Observe la pupille de l'autre œil et note ce qui se passe.

2. Éclaire la pupille avec une lampe de poche. Tente d'expliquer ce qui se passe.

Pourquoi as-tu deux yeux ?

■ DÉROULEMENT

1. Demande à une personne de se placer à 5 mètres de toi et de se couvrir un œil.

2. Prends deux crayons différents et place-les l'un devant l'autre (laisse de 3 cm à 5 cm entre les deux crayons).

3. Demande à la personne de te dire lequel est en avant.

4. Demande-lui maintenant de retirer la main devant son œil. Repose-lui la même question, alors qu'elle peut voir avec ses deux yeux. Tente d'expliquer ses réponses.

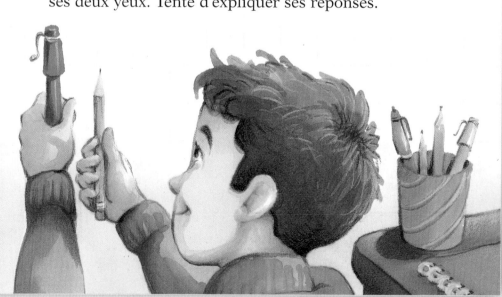

Dis comment tu protèges tes yeux dans la vie de tous les jours.

Explique ce que ces expériences t'ont appris sur tes yeux.

Comment fonctionne l'ouïe ? Comment entends-tu ?
Pour le savoir, **lis** le texte.

Survole le titre,
les intertitres et les illustrations. Dis ensuite
quelles informations tu t'attends à trouver
dans le texte.

super oreilles !

Le corps humain est équipé de petits radars lui permettant
de capter les sons : les oreilles.

Les parties de l'oreille

Palpe ton oreille. Cette masse flexible, c'est le **pavillon**. Pour
capter le plus de sons possible, il a la forme d'un grand cornet.
Le trou au centre, c'est le **conduit auditif**, un tuyau de 2,5 cm,
rempli de poils et de cire.

Au bout du tuyau, une toile transparente bloque le passage :
c'est le **tympan**. Derrière cette toile, trois petits os
(les **osselets**) sont alignés l'un à la suite de l'autre.
Un tube roulé en escargot, rempli de liquide
et de poils, complète le tout.

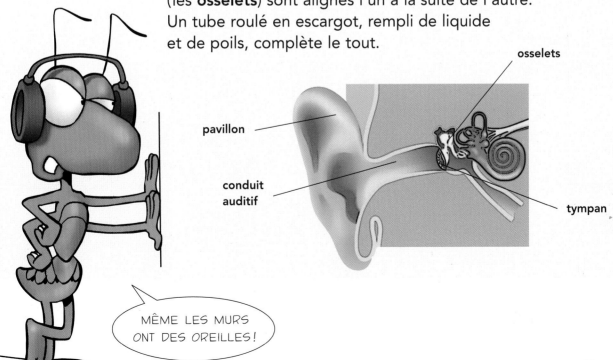

osselets

pavillon

conduit
auditif

tympan

MÊME LES MURS
ONT DES OREILLES !

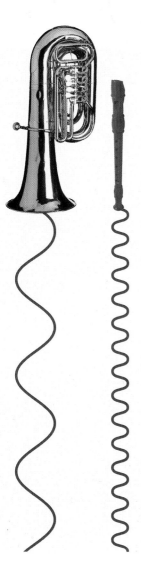

Comment entends-tu?

Qu'arrive-t-il quand tu lances une roche à l'eau? Une série de vagues rondes se forme. Pour les sons, c'est pareil. Mais les vagues sont invisibles et voyagent dans l'air.

Quand tu claques dans tes mains, tu crées des petites vagues invisibles. Ces vagues sont captées par ton pavillon et entrent dans ton conduit auditif. Arrivées au bout, elles font vibrer ton tympan qui cogne sur les osselets. Des petites vagues sont alors créées dans le tube en escargot. Ces vagues font vibrer les poils, puis des messages se rendent au cerveau...
Tu entends alors le son d'un claquement de mains!

Les types de sons

Les sons aigus comme ceux des sifflets sont faits de vagues rapprochées. Les sons graves comme le bruit d'un gros camion sont provoqués par des vagues éloignées. Les sons forts font des vagues hautes; les doux font de petites vagues. L'oreille est capable d'analyser tous ces sons. Les osselets règlent le volume. Ils réduisent les sons trop forts et te permettent d'entendre les sons faibles.

Explique à un ou une camarade comment on entend. Pour cela, utilise des mots scientifiques.

- Demande-toi d'abord quelles phrases t'aideront dans cette tâche.

Laboratoire

Prête l'oreille

Fais une expérience qui répondrait à la question suivante:

Est-ce que deux oreilles valent mieux qu'une pour déterminer d'où viennent les sons?

Utilise la démarche d'expérience. PAGE 34

Explique ce que cette expérience t'a permis de découvrir sur l'oreille.

Décris les moyens de protéger tes oreilles au quotidien.

Comment peux-tu rendre ton œil plus puissant ?

Explore la question en faisant le laboratoire ci-dessous.

Laboratoire

Plus grand que nature

> Pense au matériel nécessaire. Dresses-en la liste.

Fais les activités suivantes pour mieux connaître la loupe et le microscope.

Fabrique une loupe

Prends un morceau de pellicule plastique et place-le sur un journal. Dépose deux ou trois gouttes d'eau sur la pellicule. Prends deux coins opposés de la pellicule et soulève-la de 2 cm ou 3 cm. Regarde au travers. Que remarques-tu ?

Le savais-tu ?

Tout ce qui est transparent et bombé (une goutte d'eau, par exemple) peut agir comme lentille. Dans notre œil, nous avons une lentille (le cristallin) qui concentre la lumière sur la rétine. Les objets qui améliorent notre vue ont également des lentilles.

Utilise une loupe

Observe de minuscules objets (grain de sel ou de sable, cheveu, pelure d'orange, etc.) avec une loupe qui grossit 10 fois.

Dessine ce que tu aperçois et compare-le avec ce que tu vois à l'œil nu.

Utilise un microscope

Observe les mêmes objets avec un microscope qui grossit 100 fois.

Dessine ce que tu vois, puis présente tes dessins à tes camarades. Ils doivent deviner ce que c'est... Pas facile !

Explique ce que ces activités t'ont appris sur la loupe et le microscope.

Évalue tes manières d'apprendre.

Chantier d'écriture

Une comptine
à *la manière de...*

Les sens intéressent autant les poètes que les scientifiques. Mets ton nez au service de ton imagination et **écris** une comptine.

J'écris une comptine affiche pour décorer le coin lecture.

Jouer avec les mots, j'aime ça !

Notre équipe écrit des comptines pour le service de garde.

Analyse la situation.

Réfléchis à ta comptine.

- Pour qui et dans quel but écris-tu cette comptine ?
- Comment sera-t-elle présentée ? Dans un recueil ou sur une affiche ?

Prépare le terrain.

Rappelle-toi ce que tu sais à propos des comptines.

- Comment les reconnais-tu dans un livre ?

Apprends du nouveau sur les comptines et les poèmes. PAGE 36

Donne-toi des idées pour écrire.

Pour te donner des idées, utilise un déclencheur comme une image, une mélodie, un objet ou une odeur. Essaie ! Fais le test de la page suivante.

Des mots et des odeurs

Souvent, les odeurs ont le pouvoir de nous faire penser à des choses. Pour t'en convaincre, testes-en quelques-unes.

- Sens chacune des odeurs qu'on te présente.

- Note les mots et les images que tu associes à chaque odeur. Au moment d'écrire ta comptine, tu pourras utiliser ces mots et ces images.

ZUT ! J'AI LE DEZ BOUCHÉ...

Lis les comptines ci-dessous pour choisir celle que tu préfères.

La cannelle

La cannelle
me rappelle
l'hiver
et la neige
et mes mitaines
et ma tuque en laine
et les petits cœurs
et mon traîneau
et mes patins

La cannelle
me rappelle
Noël

Gaya T.

Trèfle

Sens ce trèfle

C'est l'été
et la liberté

C'est mon vélo
et les coquelicots

C'est une abeille
et le soleil

C'est tout cela
et même plus.

Mathis T.

À chacun son odeur

Le citron
Pour Gaston

La petite pomme
Pour petit Tom

La framboise
Pour Françoise

Et l'orange
Pour toi, mon ange

Geneviève D.

Observe les caractéristiques de la comptine que tu as choisie. Tu en tiendras compte dans l'écriture de la tienne.

- Combien de lignes et de paragraphes compte-t-elle ?
- Ses lignes se terminent-elles par des rimes ?
- Y a-t-il des répétitions de mots ? de lignes ?

Écris ton premier jet.

Écris ta comptine comme tu penses qu'elle doit être.

Regarde comment les autres ont fait.

Compare ta comptine avec celles de tes camarades.
- Remarque ce qui est semblable et différent d'une comptine à l'autre.

Compare ton premier jet avec la comptine choisie.
- Ta comptine a-t-elle les caractéristiques de celle que tu as choisie ?
- Que devrais-tu garder ou modifier sur ton premier jet ?

Remplis ta *Fiche de récriture d'une comptine* pour retenir ce que tu as appris.

Récris ton texte.

Récris ta comptine pour l'améliorer.
- Consulte ta *Fiche de récriture d'une comptine*.

Fais lire ta comptine améliorée à une ou plusieurs personnes.
- Écoute les commentaires et tiens compte des meilleurs.
- Apporte les dernières modifications à ton texte.

Pour écouter les autres commenter ton travail

1. **Regarde** la personne qui te parle et **écoute**-la attentivement.

2. Si tu ne comprends pas ce qu'on te dit, **demande** des précisions.

3. **Respecte** les autres, même si tu n'es pas d'accord avec leurs propos.

Termine ton texte.

Corrige ta comptine à l'aide de ta *Fiche de correction*.

Transcris ta comptine au propre.

- Tiens compte de la présentation que tu as choisie.
  - Choisis le format de ta feuille et la dimension de tes lettres.
  - Décore ta page.

> TU PRÉVOIS AFFICHER TA COMPTINE ? ELLE DOIT ÊTRE LISIBLE DE LOIN !

Diffuse ta comptine.

- Selon ton projet, insère ta comptine dans un recueil, affiche-la ou offre-la.

 Fais le point sur l'utilité d'un déclencheur (comme le test des odeurs) pour se donner des idées.

Garde des traces des étapes de ton travail. Avant de composer ta prochaine comptine, pense à les consulter !

... j'habite au cœur
des cordes à linge
où les oiseaux viennent
quand même chanter
malgré l'absence des arbres
je suis du quartier
des fils électriques...

Dans cet extrait
de poème,
Sylvain Lelièvre
décrit son milieu.
Quels mots
choisirais-tu pour
parler de l'endroit
où tu habites ?
Connaître son milieu,
c'est la clé pour
en comprendre
d'autres et pour
s'ouvrir aux autres.

Tiré de Sylvain Lelièvre,
«Sans nouvelles de vous: Je suis d'une ruelle»,
Entre écrire, Les Nouvelles Éditions de l'Arc, 1982.

③ Mon milieu de vie

Ton milieu de vie, le connais-tu ? Prépare-toi à y faire des découvertes ! Dans MON MILIEU DE VIE, tu trouveras de l'information pour répondre à tes questions et réaliser tes projets. De plus, tu te donneras des moyens pour observer ton milieu. Cela te permettra d'organiser efficacement ton travail. Tu apprendras aussi à comprendre des mots difficiles et à écrire un questionnaire.

Réagis à la carte d'exploration ci-dessous et **active** tes idées.

• Quelles questions te poses-tu sur ton milieu de vie ?

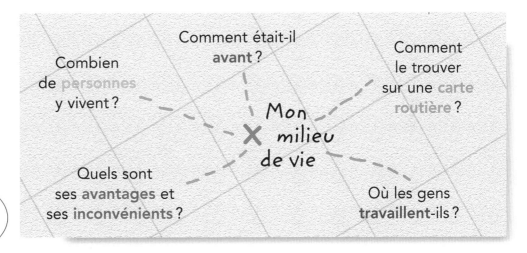

Comment était-il **avant ?**

Combien de **personnes** y vivent ?

Comment le trouver sur une **carte routière ?**

Mon **X** milieu de vie

Quels sont ses **avantages** et ses **inconvénients ?**

Où les gens **travaillent**-ils ?

Les ouvrières dans la fourmilière... ÇA FERA TOUT UN REPORTAGE !

Planifie un projet pour mieux connaître ton milieu et les gens qui l'habitent.

Réalise-le et **présente**-le.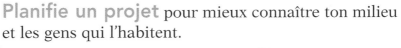

PISTES ET IDÉES

- Préparer une exposition sur quelques aspects de son milieu ou de sa région.
- Écrire un reportage sur un milieu de travail.
- Présenter l'histoire de sa localité sur une ligne du temps.

Il y a plusieurs manières d'observer son milieu de vie. Lis le texte suivant pour découvrir un point de vue poétique et original.

Que fais-tu quand tu ne comprends pas un mot dans une phrase ? Partage tes connaissances. Tu y reviendras dans les chantiers 4, 5 et 6.

Le bouton jaune

Il était une fois un bouton jaune,
luisant et rond,
un bout de fil blanc passé dedans.

> Le bouton se trouvait dans une poche,
> à côté d'un biscuit, de deux crayons
> et d'une petite clé attachée à une ficelle.

La poche avait été cousue
sur une robe bleue à manches longues
et à grand col blanc.

> La robe bleue était portée par une petite fille
> qui jouait de l'harmonica.

La petite fille était allongée
sur un vieux canapé marron.

> Le vieux canapé marron
> occupait un coin du salon,
> un salon rose,
> avec des portraits de la petite fille
> sur les murs.

Le salon était dans une maison
petite et blanche,
entourée de lilas.

> La maison était située à la lisière d'un champ
> où cerfs et lapins venaient se nourrir
> et où la petite fille aimait courir.

Le champ s'étendait
au pied d'une haute montagne
aux pentes couvertes
de pins et d'épinettes.

La haute montagne
faisait partie d'une chaîne
que les gens escaladaient
et parcouraient
l'été venu.

La chaîne de montagnes
se trouvait dans un grand pays
de lacs et de forêts,
de champs et de déserts,
de vastes cités et de petites villes.

Le grand pays
était entouré d'océans
où nageaient des baleines et des marsouins,
et où naviguaient des paquebots.

Les océans berçaient la Terre
qui tournait,
tournait autour du Soleil.
La Terre était un tout petit point
dans le vaste Univers…

… et dans cet Univers,
il y avait un bouton jaune,
luisant et rond,
niché dans la poche d'une petite fille
qui jouait de l'harmonica
sur un vieux canapé marron.

Traduction libre du texte original d'Anne Mazer,
The Yellow Button, 1990.

Transforme *Le bouton jaune* pour qu'il décrive ton propre milieu de vie.

- Avant, dis ce que tu remarques d'un paragraphe à l'autre.

Où se situe ta localité ? Dans le nord, le sud, l'est ou l'ouest du Québec ? Près de quelle grande ville, de quel cours d'eau ?

Donne-toi des outils pour répondre à ces questions et à bien d'autres !

Avant tout, **dresse la liste** de ce que tes connaissances te permettent d'observer sur une carte routière. Même sans aide, tu peux trouver beaucoup d'information.

LIRE UNE CARTE ROUTIÈRE

Comment trouver un lieu à partir de son nom ?

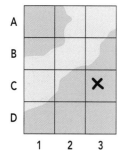

1. Consulte l'index de la carte routière et repères-y le nom du lieu que tu cherches.

2. Vis-à-vis de ce nom, il y a une lettre et un chiffre. Retiens-les.

3. Sur le quadrillage de la carte, repère la case correspondant à cette lettre et à ce chiffre. Dedans, il y a ce que tu cherches.

Que veulent dire les symboles et les couleurs ?

Sur les cartes, des symboles et des couleurs représentent des aspects de la réalité. Pour les décoder, consulte la légende, c'est-à-dire la liste qui sert à expliquer les couleurs et les symboles utilisés.

NOTRE FOURMILIÈRE EST EN C-3.

Source : Carte routière officielle *Le Québec*, ministère des Transports du Québec, 2001.

50

Comment situer un lieu par rapport à un autre ?

1. Sur une carte, repère un premier lieu (par exemple, ta ville).

2. Repère ensuite un deuxième lieu (par exemple, une rivière).

3. Finalement, utilise les points cardinaux pour dire où se trouve le premier lieu (ta ville) par rapport au second (la rivière).

Les points cardinaux sont le nord, le sud, l'est et l'ouest. Sur la plupart des cartes, le nord est indiqué par une flèche ou sur une rose des vents. Généralement, le **nord** est en haut de la carte. Par conséquent, le **sud** est en bas, l'**est** se trouve à droite et l'**ouest** à gauche.

MONTÉRÉGIE

Saint-Jean-sur-Richelieu

1:200 000   4 km

Projection UTM (NAD 83)

Saint-Jean-sur-Richelieu

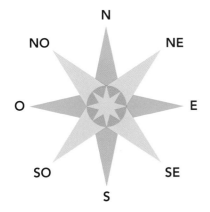

N
NO   NE
O   E
SO   SE
S

Savais-tu qu'on utilise les points cardinaux partout dans le monde et qu'ils signifient la même chose pour tous ?

SUR LA CARTE, MA FOURMILIÈRE EST À GAUCHE DE LA RIVIÈRE. JE PEUX DONC DIRE QU'ELLE EST SUR LA RIVE OUEST DE LA RIVIÈRE.

Montre que tu sais lire une carte routière.

- Situe ta localité. Près de quelle grande ville, de quel cours d'eau, de quelle route se trouve-t-elle ?
- Nomme les localités voisines.

Repère ta région sur différentes cartes du Québec. Explique comment tu t'y prends.

Que peux-tu dire des maisons, des magasins et du va-et-vient des véhicules dans ton milieu ? **Lis** le texte suivant pour savoir comment faire le portrait de ton milieu.

Survole le texte.
Remarque les questions numérotées et les choix de réponses. De quelle sorte de texte s'agit-il ?
Comment le sais-tu ?

Un portrait de ton milieu

Pour avoir une bonne idée de l'aménagement de ton milieu, observe ses habitations, ses magasins et sa circulation. Pour chaque question ci-dessous, choisis le ou les éléments qui correspondent le mieux à ton milieu.

Les habitations

1. **De quel type sont les habitations dans ton milieu ?**

   a) Maisons.
   b) Habitations à logements.
   c) Tours d'habitation.
   d) Unités semblables.
   e) Unités espacées les unes des autres.
   f) Unités collées les unes aux autres.

2. **Où sont-elles situées ?**

   a) Le long d'une rue principale.
   b) Près de l'église.
   c) Dans certaines rues.
   d) Dans certains quartiers.
   e) Dans des quartiers plus loin du centre-ville.
   f) Dans de nouveaux quartiers.

Les magasins et les services

3. **En général, comment sont les magasins et les services dans ton milieu ?**

   a) Ils sont **non spécialisés**.

   Exemples : station-service, épicerie, bureau de poste, école primaire, banque, dépanneur, club vidéo.

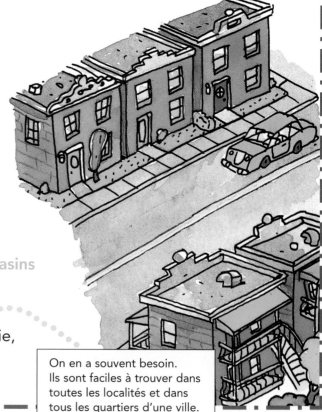

On en a souvent besoin. Ils sont faciles à trouver dans toutes les localités et dans tous les quartiers d'une ville.

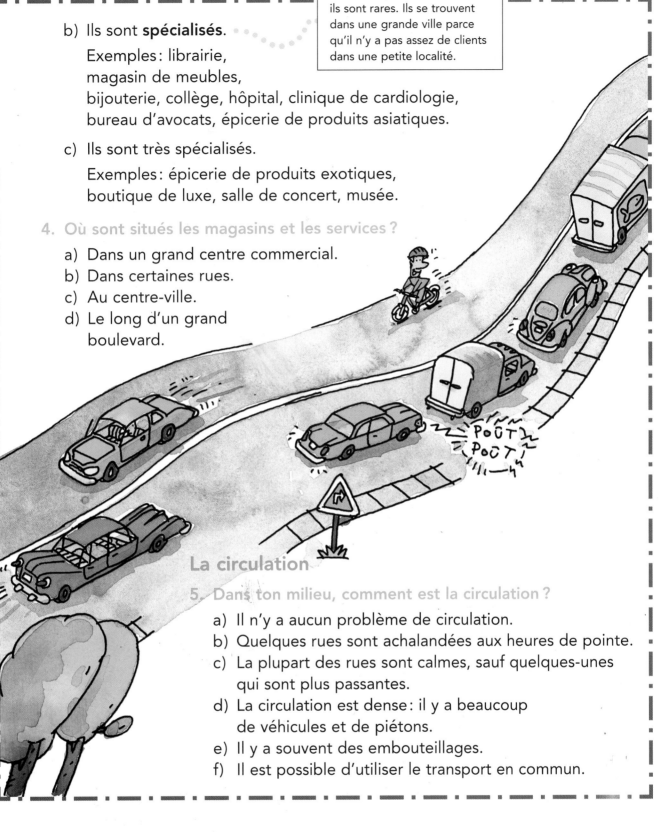

b) Ils sont **spécialisés**.

Exemples : librairie,
magasin de meubles,
bijouterie, collège, hôpital, clinique de cardiologie,
bureau d'avocats, épicerie de produits asiatiques.

> On en n'a pas souvent besoin; ils sont rares. Ils se trouvent dans une grande ville parce qu'il n'y a pas assez de clients dans une petite localité.

c) Ils sont très spécialisés.

Exemples : épicerie de produits exotiques,
boutique de luxe, salle de concert, musée.

4. Où sont situés les magasins et les services ?

a) Dans un grand centre commercial.
b) Dans certaines rues.
c) Au centre-ville.
d) Le long d'un grand
   boulevard.

La circulation

5. Dans ton milieu, comment est la circulation ?

a) Il n'y a aucun problème de circulation.
b) Quelques rues sont achalandées aux heures de pointe.
c) La plupart des rues sont calmes, sauf quelques-unes
   qui sont plus passantes.
d) La circulation est dense : il y a beaucoup
   de véhicules et de piétons.
e) Il y a souvent des embouteillages.
f) Il est possible d'utiliser le transport en commun.

Décris les habitations, les magasins et la circulation dans
ton milieu.

• Écris un court texte à partir des choix que tu as faits
  ci-dessus.

Dans tout milieu, certains avantages (aussi appelés «atouts») permettent aux gens de se nourrir, de travailler ou de se divertir. Par contre, des inconvénients (ou «contraintes») peuvent rendre le milieu moins attirant. **Lis** le texte ci-dessous pour te faire une idée de quelques atouts et contraintes.

 Quand tu ne comprends pas un mot, essaie la stratégie «lis la suite».

– Continue de lire. Parfois, un exemple ou une définition suit le mot difficile.

Observe comment cela permet d'expliquer les mots soulignés dans le texte.

Atouts et contraintes des milieux

Pour connaître les atouts et les contraintes d'un milieu, on observe des caractéristiques comme le relief, le sol, le sous-sol, l'eau, la forêt et la faune.

Je comprends ! Relief veut dire forme du terrain.

Le relief

Le relief est la forme du terrain. Un relief plat ou peu escarpé est avantageux. Il facilite les déplacements et la construction. Un relief escarpé n'est pas toujours une contrainte. Par exemple, un terrain avec un cours d'eau en pente peut servir à construire un barrage, et un versant de montagne peut devenir une station de ski.

Le sol

À la surface de la Terre se trouve le sol où poussent les plantes. Sur un sol cultivable et plat, on fait pousser des céréales ou des légumes. Sur un sol cultivable mais ondulé, on fait pousser du foin ou brouter les bêtes. Sur les terrains escarpés comme certaines montagnes, le sol n'existe pas ou n'est pas cultivable. C'est alors une contrainte.

Le sous-sol

Un sous-sol riche est avantageux. Le gravier, le sable et l'argile qu'on y trouve servent à fabriquer plusieurs matériaux de construction. Le calcaire est utilisé pour fabriquer du ciment. La découverte de <u>minerai</u> comme le fer, l'or, le cuivre ou l'amiante peut entraîner l'ouverture d'une mine. Une telle mine est parfois à l'origine de la création d'une ville.

Je comprends !
Le fer, l'or, etc.
sont des
exemples
de minerai.

Fosse du complexe Sigma-Lamaque de Val-d'Or. Dans cette mine, il y a de l'or.

L'eau

Avoir beaucoup d'eau sur son territoire est un atout. Or, le Québec est riche en eau. Son fleuve, ses rivières et ses nombreux lacs favorisent les activités nautiques. L'eau courante sert partout : à la maison, aux champs, dans les usines. Les grandes rivières et le fleuve Saint-Laurent permettent le transport de marchandises. De plus, on transforme l'énergie des cours d'eau en électricité.

Fils et pylônes transportent l'électricité sur de grandes distances.

La forêt

La forêt couvre une bonne partie du Québec. En avoir sur son territoire est un atout. Beaucoup de gens travaillent en forêt ou y pratiquent des activités sportives. Plus on se dirige vers le sud, plus les arbres feuillus sont abondants. Comme certains conifères, on en fait du <u>bois d'œuvre</u>, aussi appelé «bois de construction». D'autres arbres comme l'épinette, le sapin et le tremble servent à la production de pâtes et de papiers. Cela donne naissance à de grosses usines.

Je comprends !
Bois d'œuvre veut dire la même chose que bois de construction.

La faune

Ours, chevreuil, lièvre, canard, bernache, baleine… Au Québec, il y a une grande variété d'animaux. Pendant leurs loisirs, les gens peuvent s'adonner à l'observation des animaux, à la chasse ou à la pêche. Pour un milieu, il est donc avantageux d'avoir des endroits où on pratique ces activités.

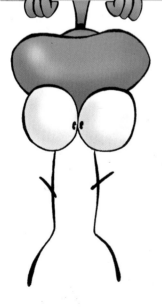

UNE FOURMILIÈRE N'EST PAS UN ATOUT ? CELA ME RENVERSE…

 *Des petits mots tels que* **est**, **comme**, **aussi appelé** *peuvent annoncer l'explication des mots difficiles. L'avais-tu remarqué ?*

Montre que tu as compris ce texte.

• Trouve, dans ton milieu, des atouts qui permettent de se nourrir, de travailler ou de se divertir.

Pour y arriver, observe ton milieu et consulte des cartes. Aide-toi du texte pour vérifier si les atouts que tu as nommés en sont vraiment.

Chantier 5

Dans ton milieu, qu'est-ce que les usines, les bureaux et les magasins ont en commun ? Quels autres lieux de travail y a-t-il ? **Lis** le texte suivant pour apprendre à décrire les types de travail qu'on y trouve le plus.

Essaie la stratégie « lis la suite » pour expliquer les mots soulignés dans les chantiers 5 et 6.

À quoi travaillent les gens de ton milieu ?

Les gens exploitent-ils la nature ?
Fabriquent-ils des produits ?
Offrent-ils des services ?

Exploiter la nature

À la campagne, la plupart des travailleurs vivent de la nature. Ils cultivent des fruits, des légumes, des céréales. Ils travaillent dans les forêts.
Ils extraient du sol des minerais ou des matériaux.
Ils élèvent des animaux, pêchent des poissons.
Bref, ils exploitent la nature pour en tirer des <u>matières premières</u>, c'est-à-dire des matériaux de base qui seront ensuite transformés dans les usines.

Les pommes cultivées par les pomiculteurs sont une matière première. Dans les usines, on transforme cette matière en jus, en compote, en tartes, etc.

Fabriquer des produits

À part les produits de la nature, tout ce qui s'achète (matériaux, véhicules, vêtements, aliments, outils, articles de sport, maisons, etc.) a été fabriqué dans des ateliers, des usines ou sur des chantiers. Certaines usines sont petites et emploient une dizaine d'employés. D'autres, plus grandes, engagent des milliers d'employés. Les usines sont situées près de voies rapides pour faciliter le transport des produits vers les différents marchés.

Sur l'étiquette des vêtements et les emballages des produits, on indique à quel endroit le produit a été fabriqué.

Offrir des services

La majorité des gens travaillent dans les services, c'est-à-dire qu'ils travaillent auprès de clients à qui ils rendent des services en échange d'un salaire. Ces personnes ne fabriquent aucun produit et elles n'exploitent pas la nature. Elles travaillent dans la vente, le milieu scolaire, les soins de santé, la sécurité, le transport, le domaine des loisirs et du spectacle, le milieu financier, la justice, l'administration, l'entretien, la restauration, le tourisme, etc. Dans tous les milieux, du village à la grande ville, il y a des services. En fait, plus la ville est grande, plus les services offerts sont nombreux et spécialisés.

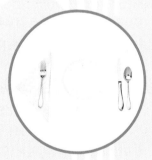

> MOI, JE RENDS BEAUCOUP DE SERVICES, MAIS ON NE ME PAYE JAMAIS!

PFF

Décris le travail des gens de ton milieu.

- Cherche les métiers exercés dans ton milieu. Pour trouver de l'information, consulte différentes sources (petites annonces des journaux locaux, annuaire téléphonique, personnes que tu connais, etc.).
- Classe ces métiers dans un tableau des types de travail.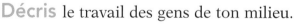

Pour vérifier ton classement, relis la description des types de travail.

Vrrraoummm... Tchoutchou ! Bip bip ! Pouet ! Autour de toi, ça bouge ! Sais-tu comment des moyens de transport comme le train et l'automobile ont modifié le paysage ? Pour l'apprendre, lis le texte suivant.

VILLES D'HIER, VILLES D'AUJOURD'HUI

Où se bâtissaient les villes quand le bateau était le seul moyen de transport ? Qu'est-ce qui a changé avec l'arrivée de nouveaux moyens de transport ?

Il était une fois... un fleuve

Le fleuve Saint-Laurent est le plus long cours d'eau du Québec. Vers 1700, les colons s'y déplacent en barque ou en voilier. Ils utilisent aussi des chemins de terre tracés le long du fleuve. Les charrettes tirées par des animaux servent à transporter les marchandises. À cette époque, les gens vivent de leur terre et se déplacent rarement pour aller travailler. Dans les petites villes, les <u>artisans</u> (forgeron, cordonnier, etc.) habitent sur leur lieu de travail.

Le navire *Discovery*.

... des canaux

Dans les années 1800, on creuse des canaux qui permettent aux bateaux d'éviter les rapides. Grâce à ces canaux, des gens s'installent sur des terres éloignées du fleuve. On leur trace de nouvelles routes. Pour aller d'une ville à l'autre, les gens voyagent en carriole tirée par des chevaux. Dans les villes, les gens habitent sur leur lieu de travail ou marchent pour s'y rendre.

Une carriole des années 1800.

... des chemins de fer

Vers 1860, on construit les premiers chemins de fer importants. On se déplace alors plus rapidement sur de grandes distances. Une bonne partie de la population vit encore du travail de la terre. L'exploitation des mines ou de la forêt et l'ouverture de nouvelles usines font naître des villes dans des endroits autrefois inoccupés. Dans les plus grandes villes, les travailleurs utilisent le premier transport en commun: le <u>tramway</u>. Il s'agit d'une voiture sur rail tirée par des chevaux (quelques années plus tard, le tramway fonctionnera à l'électricité).

Les illustrations aident parfois à comprendre un mot difficile.

Rue Sainte-Catherine, Adrien Hébert, 1927. (Collection privée)

... des routes

Avec les années 1900 arrivent les automobiles et les camions. Les voyageurs se déplacent plus librement. Le réseau routier grossit. Les industries de la ville attirent les gens de la campagne. Les villes aussi grossissent. Elles englobent les petites villes et les villages voisins et les transforment en banlieues. Dans les villes, l'autobus remplace le tramway électrique. Dans les airs, les avions permettent de longs déplacements très rapides.

... et des autoroutes

À partir des années 1960, on construit des autoroutes.
Les voies d'eau et les chemins de fer sont moins utilisés.
Dans les villes, le transport en commun se fait par autobus.
À Montréal, il y a aussi le métro. La <u>banlieue</u>, cet ensemble
de villes situées autour d'une grande ville, s'étend.
Les travailleurs s'y installent, de plus en plus loin
de leur lieu de travail.

Le centre-ville est la plus vieille partie d'une ville. On y trouve les premières constructions de la ville. Plus on s'éloigne du centre, plus les quartiers sont récents.

 Fais le point sur la stratégie «lis la suite».

Situe, sur une ligne du temps, les moyens de transport de 1700 à aujourd'hui. Cela te permettra de bien voir leur évolution.

Fais des liens entre le développement des moyens de transport et celui de ton milieu.

- Ajoute, sur ta ligne du temps, quelques événements importants comme l'arrivée des premiers colons, la construction d'une gare, d'une usine, d'une église, etc.

Pour trouver de l'information, consulte différentes sources:
la façade des immeubles (elle indique parfois l'année de construction), les publications de la société d'histoire, les dépliants de ta ville de même que son site Internet et ses vieilles photos, etc.

Un questionnaire pour obtenir de l'information

Tu penses que les gens de ton milieu peuvent répondre à tes questions ? **Écris** un questionnaire que tu leur enverras.

> Je me pose des questions sur l'histoire de ma ville.

> Je cherche de l'information sur un lieu de travail de mon milieu.

> Quelles sont les habitudes de lecture de mes camarades ?

Analyse la situation.

Réfléchis à ton questionnaire.
- À qui l'enverras-tu ? À quoi servira-t-il ?
- Comment t'assurer d'avoir des réponses ?

Prépare le terrain.

 Rappelle-toi ce que tu sais à propos du texte à écrire.
- As-tu déjà lu un questionnaire ? À quoi cela ressemble-t-il ?
- En as-tu déjà écrit un ? Comment as-tu fait ?

Dresse la liste des informations que tu veux obtenir grâce à ton questionnaire. Pour chacune d'elles, formule une question.

Sélectionne les meilleures questions.

Écris ton premier jet.

Écris ton questionnaire comme tu penses qu'il doit être.

Compare ton questionnaire avec ceux de tes camarades.

- Observe ce qui est semblable et différent d'un questionnaire à l'autre.

Observe les deux questionnaires que voici.

- À qui s'adresse chacun des questionnaires ?
- À quoi chacun sert-il ?
- Quelles sont les parties de ces questionnaires ? Compare les parties **A** des deux modèles. Ensuite, fais la même chose avec les autres parties.
- Pourquoi l'espace pour répondre est-il différent d'une question à l'autre ?

B

C

A ## Questionnaire sur l'Imprimerie des Érables

À l'école, nous faisons une recherche sur des entreprises de la région. Accepteriez-vous de répondre à nos questions ? Cela nous aiderait beaucoup. Merci à l'avance !

1. Depuis combien de temps l'imprimerie est-elle ouverte ?
_____

2. Combien de personnes travaillent à l'imprimerie ?
_____

3. Quelles sont les principales activités de ces personnes ?
_____
_____

4. Pourquoi a-t-on établi l'imprimerie à Saint-Joachim ?
_____
_____
_____

D
S'il vous plaît, veuillez nous retourner le questionnaire rempli avant le 4 mars.

Élèves de la classe 304
École des Bourgeons
Saint-Joachim (Québec) J0Z 1K9

Questionnaire
sur tes habitudes de lecture

Notre équipe mène une enquête sur les habitudes de lecture des élèves de la classe.

Peux-tu nous aider ? C'est facile, tu n'as qu'à répondre aux questions suivantes.

1. Aimes-tu lire ? _____

2. Quelle(s) sorte(s) de livre(s) préfères-tu ?
   _____
   _____

3. Combien de temps lis-tu chaque semaine ?
   _____

4. Où lis-tu le plus souvent ?
   _____

5. Quel livre recommanderais-tu à quelqu'un qui n'aime pas lire ?
   _____

Remets ton questionnaire rempli à Xavier ou à Macha.
Tu as jusqu'au 17 décembre pour répondre. Merci de ta collaboration !

Compare ton premier jet avec les deux modèles. Cela te permettra de décider quoi garder ou modifier.

- Ton questionnaire te semble-t-il complet ?
- Penses-tu que tes questions sont correctement formulées ?

Apprends du nouveau sur la formulation des questions. PAGE 68

Remplis ta *Fiche de récriture d'un questionnaire* pour retenir ce que tu as appris.

Récris ton texte.

Récris ton questionnaire pour l'améliorer.

- Consulte ta *Fiche de récriture d'un questionnaire.*

Fais lire ton questionnaire amélioré à une ou plusieurs personnes.

> ÉCOUTER LES AUTRES COMMENTER MON TRAVAIL, C'EST ENCORE PIRE !

> COMMENTER LE TRAVAIL DES AUTRES, C'EST DIFFICILE !

- Relis les encadrés des pages 25 et 45.
- Écoute les commentaires et tiens compte des meilleurs.
- Apporte les dernières modifications à ton texte.

Termine ton texte.

Corrige ton questionnaire à l'aide de ta *Fiche de correction.*

Transcris ton questionnaire au propre et **photocopie**-le en nombre suffisant.

Envoie ton questionnaire aux bonnes personnes, mais gardes-en une copie.

Fais le point sur l'utilité de se rappeler ce qu'on sait sur les textes avant d'écrire.

Garde des traces des étapes de ton travail. Avant de composer ton prochain questionnaire, pense à les consulter !

Dans toutes
les histoires que tu lis,
regardes et écoutes,
il y a des personnages.
Toujours au
rendez-vous,
ils te font rêver,
rire ou trembler...
Comment sont
ceux que tu aimes ?
Drôles ou terrifiants ?
gentils ou féroces ?
braves ou poltrons ?

PAS DE
PERSONNAGE ?
PAS D'HISTOIRE !

4 Pleins feux sur les personnages

Dans **PLEINS FEUX SUR LES PERSONNAGES**, tu t'intéresseras aux personnages des histoires que tu lis, regardes, entends, imagines et écris. Au fil du module, tu utiliseras ton imagination et tu apprendras à donner ton opinion. Tu feras des liens entre ta vie et celle de certains personnages. Tu continueras ton travail sur les mots difficiles et tu écriras une fiche personnage.

Réagis à la carte d'exploration ci-dessous et **active** tes idées.

• Quelles questions te poses-tu sur les personnages ?

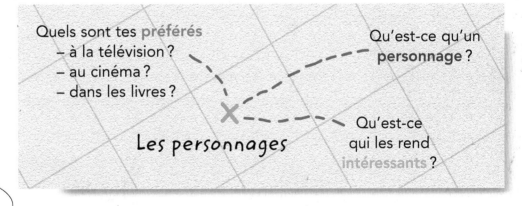

Quels sont tes préférés
– à la télévision ?
– au cinéma ?
– dans les livres ?

Qu'est-ce qu'un **personnage** ?

Les personnages

Qu'est-ce qui les rend intéressants ?

LE RÔLE DE MA VIE !

ON DEMANDE
une belle fourmi,
courageuse et
intrépide.

Planifie un projet pour découvrir, inventer ou faire connaître des personnages et leurs aventures.

Réalise-le et **présente**-le.

PISTES ET IDÉES

• Représenter des personnages inventés par la classe.
• Écrire une histoire pour les élèves de la maternelle.
• Faire connaître les personnages préférés des élèves de sa classe.

Au cinéma, à la télévision et dans les livres, tu as déjà rencontré plusieurs personnages. Pour toi, qu'est-ce que c'est un personnage ? **Remplis** un mini-sondage à ce sujet. **Lis** ensuite les deux textes pour y repérer les personnages.

Des amis pour Léonie

> N'oublie pas de préparer tes lectures : survol, prédictions, intention…

Léonie vient d'emménager dans un nouveau quartier et n'a pas encore d'amis. Toute seule, elle fait un bonhomme de neige. Sa deuxième boule de neige est très lourde…

•

Soudain, j'entends rire derrière moi. Je me retourne et me retrouve nez à nez avec une petite fille. [...] Oh ! je crois que je l'ai déjà vue ! Oui, je me rappelle : le jour du déménagement, c'est elle qui me lançait des boules de neige. Elle a vraiment l'air coquine. Encore plus que Martine, mon ancienne copine.

Oh ! Oh ! La terrible coquine s'avance vers moi. Ses yeux sont comme deux petites lunes qui brillent. C'est sûrement une Chinoise. J'espère qu'elle ne va pas me parler ! Je ne connais pas un mot de chinois.

— Je m'appelle Kim [...]. Tu ne pourras jamais lever cette grosse boule toute seule ! Si tu veux, je vais demander à mes amis Raphaël et Nicolina de venir nous aider. Tu vas voir, nous sommes des experts en bonshommes de neige.

En vitesse, Kim s'éloigne. Moi, je reste assise dans la neige.
C'est incroyable! On dirait que je comprends le chinois.
À moins que Kim ne parle la même langue que moi!
La voilà qui revient avec une petite fille et un grand garçon.
Les deux filles font des culbutes dans la neige. Derrière
elles, le garçon à la peau couleur chocolat ne cesse de crier :

— Attendez-moi! Attendez-moi!

Les trois amis arrivent près de moi. Kim fait les présentations :

— Je te présente Nicolina et Raphaël, mes meilleurs amis.

Nicolina et Raphaël me regardent comme si je venais d'une
autre planète.

— On dirait qu'elle ne nous comprend pas, dit la petite fille
au prénom italien.

— Elle vient peut-être d'un autre pays! ajoute Raphaël
en ouvrant de grands yeux.

C'est incroyable! Ils parlent la même langue que moi et
savent faire des bonshommes de neige.

Tiré de Mireille Villeneuve,
ill. par Anne Villeneuve, *Des amis pour Léonie*,
Saint-Lambert, Dominique et compagnie,
1999, p. 28-33. (coll. Carrousel)

Le songe d'une feuille de papier

Dans une ville...
dans un bureau...
un ordinateur et son imprimante...

Et, dans l'imprimante, une feuille de papier, une simple feuille
de format A4 (21 x 29,7 cm) qui rêvait.

Que signifie
format A4 ? Comment
le savoir ?

Son avenir était tout tracé : elle serait une facture, une lettre
de rappel, un quelconque formulaire.

Elle aurait pourtant tellement préféré être...
papier journal, pour être imprimée des nouvelles fraîches
du matin [...].

Elle rêvait d'être lettre d'amour pour transporter des secrets...
ou carte postale, pour voyager, donner un goût de vacances
à ceux qui ne sont pas partis. Voyager ! Voyager très loin,
s'envoler dans le ciel de Chine sous la forme d'un cerf-volant...

Elle aurait aimé être la page d'un livre, serrée bien au chaud
dans une bibliothèque [...].
Ou alors, sous la plume d'un poète, être la page blanche
qui attend la rime [...].

Puis, modeste, elle se voyait cahier de brouillon, [...] avec
des ratures et d'horribles petits dessins dans la marge.

Coquette, elle s'imaginait être la carte d'identité d'une jolie
dame...
et vivre dans la nuit de son sac à main,
avec les petits papiers secrets de sa maîtresse.

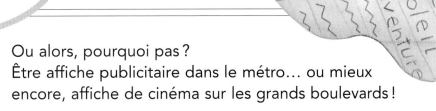

Pour comprendre un grand mot difficile, cherche dedans un plus petit mot connu. Ex.: Dans *publicitaire*, il y a *publicité*.

Ou alors, pourquoi pas ?
Être affiche publicitaire dans le métro… ou mieux encore, affiche de cinéma sur les grands boulevards !

Elle rêvait, quand quelqu'un appuya sur un bouton pour mettre en marche l'imprimante.

Elle ne s'attendait pas à ça. Elle s'est cabrée, s'est froissée…

Elle a coincé la machine.

On l'a sortie et posée, toute bête, sur le bord d'une table.

Une fenêtre ouverte…
une porte qui claque…
un courant d'air emporte la feuille dans la rue.

«Ça y est… C'est la liberté !
Serai-je bateau [...] pour naviguer loin,
jusqu'à la houle des hautes mers ?»

Elle recommençait à rêver quand un solide coup de balai la souleva jusqu'à un tas de feuilles qui brûlaient.

Elle n'avait jamais pensé qu'on puisse la prendre pour
UNE FEUILLE MORTE.

Tiré de Bruno Heitz,
Format A4: Le songe d'une feuille de papier,
Paris, Mango, 1996. (coll. Les petits papiers)

Dresse la liste des personnages de chacun des textes.

Compare ta liste avec celle de quelques camarades.

- Y a-t-il des différences ? Si oui, lesquelles ? Tentez de les expliquer et de vous mettre d'accord sur une liste commune.

Relis le mini-sondage que tu as rempli au début. Y a-t-il des choix que tu veux modifier ? Si oui, lesquels et pourquoi ?

Dans chaque histoire lue, vue ou entendue, des personnages se rencontrent. Certains sont importants, d'autres le sont moins. **Lis** l'extrait suivant pour découvrir le personnage le plus important.

UNE NOISETTE SUR LA TÊTE

Il était une fois une fourmi qui revenait à la fourmilière, chargée, très chargée...
Soudain, elle reçoit quelque chose sur la tête et, sous le coup, se croit assommée. Puis, elle se met à courir et à hurler :
«Catastrophe ! Catastrophe !
Le ciel est tombé sur la Terre !»

Une mouche l'entend et lui demande :
«Où cours-tu si vite ?
— Le ciel est tombé sur la Terre !
répond-elle. Viens vite avec moi.»
Immédiatement, la mouche la suit.

De sa toile, une araignée les voit passer. Elle interroge :
«Où allez-vous si vite, toutes les deux ?
— Le ciel est tombé sur la Terre ! Nous nous sauvons !
— C'est vrai ? Je vous accompagne !»

La cigale les voit passer et les questionne :
«Où allez-vous si vite toutes les trois ?
— Le ciel est tombé sur la Terre !
Nous nous échappons.
— Catastrophe ! Je vous suis !»

Un grillon les voit passer et crie :
«Où courez-vous tous ainsi ?
— Le ciel est tombé sur la Terre ! Nous fuyons.
— Ce n'est pas croyable ! Attendez-moi !»

Bondissant, une sauterelle les voit passer et hurle :
«Tous, où courez-vous ainsi ?
— Le ciel est tombé sur la Terre !
— Au secours ! Disparaissons !»

> Pour comprendre un mot difficile, tu peux aussi demander de l'aide.

 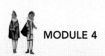

Voletant, un papillon les suit et chante
de plus en plus fort:
«C'est une noisette,
c'est une noisette
tombée sur la tête,
tombée sur la tête
de la fourmi
qui s'est enfuie.
C'est une noisette...»

Tous l'écoutent, comprennent, s'arrêtent et rient.

Tiré de Rolande Causse et Alice Charbin,
Une noisette sur la tête et autres contes-ritournelles,
Paris, Éd. Albin Michel, 1999, p. 17-20. (coll. Jeunesse)

Joue, avec quelques camarades, l'histoire que tu viens de lire.

- Ensemble, dressez la liste des personnages, distribuez les rôles et jouez le texte.
- Quel personnage est présent du début à la fin de la représentation?

Le savais-tu?

Dans une histoire, le personnage le plus important se nomme personnage principal. **On l'appelle aussi** héros **ou** héroïne.
Le personnage principal vit ou cause des problèmes et tente de les résoudre. C'est son histoire qu'on raconte.

---

créativ idées

Comme les vrais auteurs, trouve des idées d'histoires et note-les. Invente des personnages principaux et imagine ce qui leur arrive.

EXEMPLES:
1. Deux chaussures abandonnées dans un placard rêvent de courir dans l'herbe.

2. Un matou miaule horriblement faux! Même les souris se moquent de lui.

3. Un prince s'ennuie dans son château. Il ne pense qu'à l'étang, aux nénuphars, aux mouches... Il veut redevenir crapaud.

Quand tu lis une histoire, est-ce que tu vois les personnages dans ta tête ? **Explique** ta réponse.

Quand ils écrivent leurs histoires, les auteurs utilisent différents moyens pour présenter leurs personnages. **Lis** le texte ci-dessous pour découvrir les moyens de présenter Boris.

Marilou Polaire et l'iguane des neiges

Marilou décore le sapin de Noël avec ses amis…

•

Jojo Carboni accroche des boules aux branches. Sa sœur Zaza, des oiseaux multicolores. Marilou s'occupe des grelots. Ti-Tom Bérubé s'emmêle dans une guirlande. Et…

On nomme le personnage.

Et il y a aussi Boris Pataud, bien sûr.

Le pauvre Boris a la figure longue. Et pâle. Presque transparente. On croirait un fantôme. Ou un long glaçon qui ne demande qu'à fondre.

On décrit l'apparence du personnage.

On fait parler le personnage.

— J'ai le cœur comme une boule en petits morceaux, gémit-il. Le plus grand malheur de ma vie vient de m'arriver. J'ai perdu mes mitaines.

— Tu vas pleurnicher pour si peu ? s'étonne Marilou. [...]

— J'avais emmitouflé Charlotte dans mes mitaines. J'avais peur qu'elle s'ennuie toute seule. Je l'avais emmenée avec moi.

— Ton iguane ! reprennent les autres.

— Oui, j'ai perdu ma Charlotte. Je ne sais pas où. J'ai refait tout le chemin que j'avais parcouru. Pas de Charlotte. Je… je m'ennuie !

On fait agir le personnage.

Boris éclate en sanglots.

Marilou est bouleversée. Elle aime bien Charlotte, elle aussi. Et elle sait qu'un iguane, dans la neige, ça ne vit pas longtemps. […]

Que va faire la pauvre Charlotte ?

Sans elle, que va devenir le triste Boris ?

Tiré de Raymond Plante, *Marilou Polaire et l'iguane des neiges*, Montréal, Éditions de la courte échelle, 1998, p. 9-12. (coll. Premier Roman)

Relis tous les passages en couleur.

- À partir de ces passages, dessine Boris.

Dis comment ce qui arrive à Boris te touche.

- Si tu pouvais lui parler, que lui dirais-tu pour le consoler ?

créativIdées

Parfois, les auteurs trouvent des noms qui en disent long sur leurs personnages. *Sam N'a-qu'un-œil* et le *Grand Féroce* sont de redoutables pirates, *Destructotor* démolit tout ce qu'il attrape, *Cendrillon* vit… dans la cendre.

Inspire-toi des noms suivants pour inventer des personnages. Présente-les en quelques mots. Note aussi les nouveaux noms qui te passent par la tête.

- Suzie Labougeotte
- Alfred Beauxdégâts
- Ninon Ouimet

- Yvan Desrosiers
- Julie Monnombril
- Mademoiselle O. Coton

Certains personnages nous intéressent parce qu'ils ont une habitude ou un comportement qui sort de l'ordinaire. **Lis** l'extrait ci-dessous pour découvrir ce qui fait l'originalité de l'oncle Robert.

 Quand tu rencontres un mot difficile, essaie de te servir du sens de la phrase pour le comprendre.

— Relis la phrase où il y a un mot difficile.

— Fais une hypothèse sur le sens de ce mot.

— Vérifie ton hypothèse.

Observe comment cette stratégie aide à comprendre les deux mots soulignés dans le texte.

Choupette et oncle Robert

Je m'appelle Choupette et oncle Robert s'appelle oncle Robert.

Oncle Robert est un collectionneur. Il ramasse des choses depuis son enfance. À un an, il possédait une collection de tétines. À deux ans, sa collection de biberons faisait des jaloux. À cinq ans et demi, il collectionnait les gommes à mâcher, les pantalons troués, les bretelles, les tricycles.

   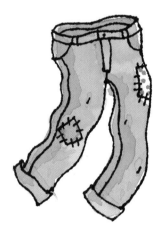

Maintenant, oncle Robert est un adulte. Il possède des collections de savons, de chiffons, de blousons, de goudron, de contraventions et même de bulles de savon. S'il le pouvait, il collectionnerait les nuages, les arcs-en-ciel, les galaxies…

Moi, Choupette, je ne collectionne rien, mais j'adore rendre visite à oncle Robert. Sa maison déborde d'objets de toutes sortes. Le réfrigérateur contient d'importantes collections de glaçons, de boules de neige et de décorations de Noël. Le four est rempli de petits cactus, de roches volcaniques, de pommes de terre au four. Le lit croule sous les oreillers, les courtepointes, les toutous de toutes les grosseurs et de toutes les couleurs. Sa chambre est tellement pleine que mon oncle doit dormir dans son automobile.

Je comprends ! Comme les oreillers et les toutous, les courtepointes vont sur le lit. Est-ce une sorte de couverture ? Oui.

Même la niche du chien Bouboule est remplie à craquer. Elle contient une imposante collection d'os en plastique, en caoutchouc et en babiche.

Je comprends ! Étant donné qu'on en fait des os pour chiens, la babiche doit être un matériau résistant qu'il est possible de mâcher. Oui. Il s'agit de lanières de peaux d'animaux.

Je saute sur mon beau vélo pour faire une visite-surprise à oncle Robert. Je tourne à gauche, à droite, et j'arrive devant son incroyable maison. On dirait que le toit va craquer sous le poids de ses collections d'antennes et de cheminées qui jaillissent de partout. Oncle Robert fait les cent pas sur le trottoir. Il semble préoccupé. J'attache mon vélo à l'un des poteaux de sa fameuse collection de clôtures.

— Bonjour, oncle Robert ! Comment allez-vous ?

La tête baissée, il me répond :

— Ça va mal, Choupette. Très mal. J'ai perdu mon trousseau de clés !

— Ce n'est pas grave, oncle Robert, il vous en reste cinq cent cinquante dans votre collection.

— Non, Choupette… Ce n'est pas une blague. J'ai perdu mon trousseau à moi. Je ne peux ni verrouiller les portes de la maison ni prendre mon automobile !

Tiré de Gilles Tibo, ill. par Stéphane Poulin,
Choupette et oncle Robert, Saint-Lambert,
Dominique et compagnie, 2000, p. 9-15. (coll. Carrousel)

Donne ton opinion sur l'oncle Robert.

- Que trouves-tu d'étonnant ou d'amusant à propos de ce personnage ?

Fais des liens avec des personnages que tu as vus à la télévision ou au cinéma.

- Nommes-en qui ont des habitudes étonnantes ou amusantes.

créativIdées

Choisis un personnage parmi ceux que tu as déjà inventés. Trouve-lui une particularité étonnante que tu décriras en quelques mots. Demande-toi ensuite ce qui peut arriver de pire à ce personnage.

EXEMPLE :

— Personnage : Jay Lachance, 8 ans.

— Caractéristique : Il est… chanceux. Très. Il gagne tout : les courses à pied, un vélo qu'on fait tirer, des billets pour le ciné, un voyage toutes dépenses payées…

— Problème : Il est enlevé par des bandits qui veulent gagner à la loterie…

Quand tu lis une histoire, tu pars de ce que tu sais déjà pour te faire une idée des personnages. **Lis** le texte suivant pour faire des liens entre le père Noël que tu connais et celui de l'histoire.

 Sers-toi du sens des phrases pour expliquer les mots soulignés dans le texte.

Un père Noël au soleil

Papa se penche pour embrasser Maéva.

— Dis, papa, il existe le père Noël ?

— Bien sûr, voyons, répond papa.

— Julie m'a dit qu'il volait dans le ciel dans un traîneau conduit par des rennes, c'est vrai, hein ?

— Mais non, ce sont des histoires, le père Noël se déplace dans une <u>pirogue</u> tirée par des requins aux ailerons d'argent.

— Il ne vit donc pas dans les nuages ! s'étonne Maéva.

— Oh, non, il vit sur une île du Pacifique dix fois plus petite que Tahiti, explique papa.

— Avec des lutins qui fabriquent les jouets, ajoute Maéva.

— Non, avec les crabes de cocotiers qui sont très doués pour faire toutes sortes de choses. Mais maintenant il faut dormir.

— Papa, c'est bien cette nuit qu'il va venir ?

— Oui, il faut vite que tu fermes tes yeux, dit papa en éteignant la lumière.

— Papa, s'il n'y a pas de neige et si notre arbre de Noël n'est pas un sapin, tu crois qu'il viendra quand même ?

— Oui, chut, il faut dormir, il ne va pas tarder.

C'est la nuit, Maéva s'est enfin endormie.
Le père Noël, quant à lui, se prépare
pour sa grande tournée. Il met son
paréo rouge et boit un grand verre
de lait de coco pour être en forme.

De leur côté, les crabes râpeurs sont très affairés :
les uns râpent des noix de coco, les autres emplissent
le grand sac de coco râpé.

Les crabes constructeurs assemblent les dernières pièces
des jeux dans les boîtes.

Les crabes emballeurs empaquettent les jouets dans
de beaux papiers cadeaux imprimés de fleurs, de coraux,
d'algues, de coquillages.

Et les crabes distributeurs rangent les paquets dans
de grands sacs multicolores. La distribution va bientôt
pouvoir commencer.

Le père Noël souffle dans sa conque pour prévenir
ses deux compagnons. Aussitôt, les requins aux ailerons
d'argent s'attellent à la pirogue. [...]

Le père Noël accoste à Tahiti. Il marche pieds nus pour ne pas faire de bruit. Dans chaque <u>faré</u>, il dépose ses cadeaux au pied de l'arbre de Noël.

Avant de partir, il n'oublie pas de saupoudrer l'arbre de neige tahitienne : noix de coco râpée, et il accroche une fleur de <u>tiaré</u> sur la porte.

Quand Maéva se réveille au petit matin, elle se précipite dans le salon. Elle n'en croit pas ses yeux ! L'arbre de Noël est couvert de neige et entouré de cadeaux.

Sur le sol, on voit des traces de pieds laissées par du sable mouillé.

— Ça alors, dit Maéva, il ne porte même pas de bottes ! Papa avait raison, c'est un drôle de père Noël !

D'après « Un père Noël au soleil », Magdalena,
in *Contes, Comptines, Chansons de Noël*,
© Éditions Nathan, 1998.

Fais le point sur la stratégie «sers-toi du sens de la phrase».

Compare le père Noël que tu vois à la télévision ou au cinéma avec celui de l'histoire. Ensuite, dessine celui de l'histoire.
Donne ton opinion sur le père Noël de l'histoire.

créatividées

Transforme un autre personnage bien connu. Par exemple, imagine que tu «modernises» une sorcière. Dresse la liste des éléments que tu veux remplacer (balai, chat noir, livre de potions magiques, habillement…). Pour chacun, propose un nouvel élément.

Chantier d'écriture

Une fiche pour présenter un personnage

Quand ils imaginent un roman, un film, une émission de télévision ou même une publicité, les créateurs inventent des personnages. Comment ? À l'aide de fiches personnages. Fais comme eux ! **Écris** une fiche. Elle pourrait aller dans un *Catalogue de personnages* de la classe.

Nous présentons notre mascotte pour la Fête des neiges de l'école.

Je présente sur fiche les personnages de notre vidéo sur la sécurité.

Je collectionne les fiches de mes personnages préférés.

Analyse la situation.	**Réfléchis** à ta fiche personnage.

- À quoi servira-t-elle et qui la consultera ?
- Quel format aura-t-elle ?

Prépare le terrain.	**Invente** un héros ou une héroïne que tu présenteras sur fiche.

- Tu peux utiliser les personnages inventés dans les créatildes.

Demande-toi quel problème vivra ton personnage. Cela t'aidera à choisir les caractéristiques de ce dernier.

JE PRÉPARE MA FICHE POUR Fourmis célèbres.

Note tout ce que tu imagines à propos de ton personnage.

Avant d'écrire, choisis tes idées et explore-les.

— Fais-toi une image de ton personnage (tu peux même le dessiner !) et imagine-le dans diverses situations.

- *À quoi ressemble-t-il ? Comment s'habille-t-il ?*
- *Quels sont ses goûts, ses qualités, ses défauts ?*
- *Quel est son milieu de vie ? A-t-il des amis, une famille, un animal de compagnie ?*

Sélectionne les renseignements à présenter sur ta fiche.

> *Écris ton premier jet.*

Écris ta fiche personnage comme tu penses qu'elle doit être.

> *Regarde comment les autres ont fait.*

Compare ta fiche personnage avec celles de tes camarades.
- Observe ce qui est semblable et différent d'une fiche à l'autre.

Pour comparer vos premiers jets

1. **Alignez** les travaux sur les pupitres ou au mur.
2. **Observez** attentivement chaque travail.
3. **Exprimez-vous**, à tour de rôle, sur une ressemblance ou une différence.
   - Tous les membres de l'équipe s'expriment.
   - Une personne par équipe note les ressemblances et les différences dans un tableau à deux colonnes.

pareil	pas pareil

Donne ton opinion sur les premiers jets.
- Lequel te semble le mieux réussi ? Pourquoi ?

Observe maintenant différentes fiches personnages pour en découvrir les parties.

• Compare les parties (A) de toutes les fiches. Fais de même avec les autres parties.

(A) **NOM :** Astérix

(B) **APPARENCE**
– C'est un petit homme, mince et blond.
– Il porte un casque orné de deux plumes blanches.
– Il a un très gros nez et une longue moustache.

(C) **COMPORTEMENT, QUALITÉS, DÉFAUTS**
– Astérix est courageux, juste, honnête et fidèle.
– C'est un excellent guerrier.

(D) **AUTRES RENSEIGNEMENTS**
– On lui confie toutes les missions périlleuses.
– Une potion magique le rend très fort.
– Obélix est son inséparable compagnon.

(A) **NOM :** Sapin

(B) **APPARENCE**
– Il a le tronc râpeux et collant.
– Son écorce est comme de la peau de crocodile en plus gluant.
– Ses branches retombent timidement vers le sol.
– Ses cônes sont jolis, mais collants.

(C) **COMPORTEMENT, QUALITÉS, DÉFAUTS**
– Sapin est un peu jaloux de son ami Érable qui a de belles feuilles et des branches qui s'élancent vers le ciel.
– Il accueille les oiseaux qui viennent faire leur nid dans ses branches.

(A) **NOM :** Gilda, la girafe

(B) **APPARENCE**
– C'est une girafe belle et coquette.
– Elle a une boucle d'oreille à l'oreille droite.
– Elle est couverte de taches qui s'envolent au vent !

(C) **COMPORTEMENT, QUALITÉS, DÉFAUTS**
– Elle est déterminée et gourmande (elle adore le melon).

(D) **AUTRES RENSEIGNEMENTS**
– Elle habite dans une caverne, à l'abri du vent...
– Quand ses taches s'envolent, elle grelotte.

Compare ton premier jet avec les fiches personnages ci-contre.

- Que garderas-tu ? Que modifieras-tu ?

Remplis ta *Fiche de récriture* pour retenir ce que tu as appris sur la fiche personnage.

Récris ton texte.

Récris ton texte pour l'améliorer.
- Consulte ta *Fiche de récriture*.

Fais lire ta fiche personnage améliorée à une ou à plusieurs personnes.

Termine ton texte.

Corrige ton travail à l'aide de ta *Fiche de correction*.

Transcris ta fiche personnage au propre. Tu pourrais y joindre une illustration de ton personnage.

Insère ta fiche dans le *Catalogue de personnages* de ta classe, mais gardes-en une copie.

OÙ EST MA FICHE ?

FOURMIS CÉLÈBRES

Fais le point sur l'utilité de choisir et d'explorer ses idées avant d'écrire.

Garde des traces des étapes de ton travail. Avant d'écrire ta prochaine fiche personnage, pense à les consulter !

Comment rendre
une tour ou un pont
plus solide ?
Bonne question !
D'ailleurs, on compte
sur toi pour
y répondre…
Bienvenue
dans l'univers
des ingénieurs.

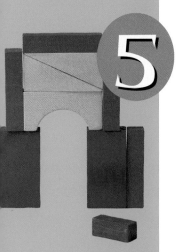

5 Grandes constructions

Le module **GRANDES CONSTRUCTIONS** t'initiera à toutes sortes de problèmes auxquels les ingénieurs font face. Tu réfléchiras à la manière de les résoudre et, pour cela, tu utiliseras ton imagination. Tu apprendras aussi à lire des phrases longues. Finalement, tu réaliseras une affiche pour communiquer des résultats d'expérience.

Réagis à la carte d'exploration ci-dessous et **active** tes idées.

• Quelles questions te poses-tu sur les grandes constructions ?

Des **exemples**
 – Ponts
 – Tours
 – Maisons

Grandes constructions X

Leur **structure** (ossature)
 – La dessiner
 – La construire
 – La rendre solide

Leurs **matériaux**
 – Les choisir
 – Les inventer
 – Tester leur solidité

> UNE FOURMILIÈRE, C'EST TOUTE UNE CONSTRUCTION !

Planifie un projet pour relever un défi et te familiariser avec le monde de l'architecture et de l'ingénierie.

Réalise-le et **présente**-le.

___ **PISTES ET IDÉES** ___

• Construire la plus haute tour possible.
• Construire un pont qui pourra supporter la plus lourde charge possible.
• Présenter des constructions ou des matériaux exceptionnels.
• Présenter un métier relié au monde de la construction.

Pour qu'une maison soit solide, ça prend des matériaux résistants et une bonne structure. Les Trois Petits Cochons en savent quelque chose… À propos de leur célèbre histoire, as-tu déjà entendu la version du loup ? De sa cellule de la prison de Fleury-Mécochons, L. E. Loup livre «sa» version des faits. Pour la connaître, **lis** le texte suivant.

> N'oublie pas
> de préparer
> ta lecture.

Que fais-tu quand tu ne comprends pas une phrase ou une idée dans un texte ? Partage tes connaissances.

La vérité sur l'affaire des Trois Petits Cochons

PARTIE 1

Évidemment, vous connaissez l'histoire des Trois Petits Cochons. Ou du moins, c'est ce que vous croyez. Mais je vais vous donner un bon tuyau. Personne ne connaît la vérité, parce que personne n'a entendu *ma* version de l'histoire.

Le loup, c'est moi. Léonard Eugène Loup. Vous pouvez m'appeler Léo.

Je ne sais pas comment cette affaire de Grand Méchant Loup a démarré, mais c'est des salades.

Peut-être que c'est à cause de notre régime. Ce n'est quand même pas ma faute si les loups mangent des petites bêtes mignonnes comme les lapins, les agneaux, les cochons ! On est fait comme ça. Si les hamburgers étaient mignons, vous aussi on vous traiterait de Grands Méchants.

Pour en revenir à nos moutons, cette affaire de Grand Méchant Loup, ça ne tient pas debout. La vérité, c'est une histoire de rhume et de sucre.

Voici la vérité.

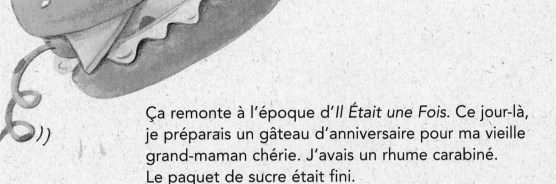

Ça remonte à l'époque d'*Il Était une Fois*. Ce jour-là, je préparais un gâteau d'anniversaire pour ma vieille grand-maman chérie. J'avais un rhume carabiné. Le paquet de sucre était fini.

Alors j'ai descendu la rue pour demander un peu de sucre au voisin. Seulement, ce voisin, c'était un cochon. Et pas très malin, avec ça… Il avait construit toute sa maison en paille ! Incroyable, non ? Je vous le demande, qui aurait l'idée de construire une maison en paille ? Enfin, bon.

Forcément, dès que j'ai frappé, la porte s'est écroulée à l'intérieur. Mais je ne voulais pas rentrer comme ça chez quelqu'un. Alors, j'ai appelé : «Petit Cochon, Petit Cochon, tu es là ?» Pas de réponse. Je m'apprêtais à retourner tranquillement chez moi, sans le sucre pour le gâteau d'anniversaire de ma vieille grand-maman chérie.

C'est à ce moment-là que mon nez s'est mis à me démanger.

J'ai senti que j'allais éternuer.

Alors j'ai soufflé… Et j'ai soufflé… Et j'ai éternué un bon coup.

Et vous savez quoi ? Toute cette sacrée maison de paille s'est écroulée. Et au beau milieu du tas de paille, j'ai vu le Premier Petit Cochon – mort comme une bûche. Il était là depuis le début.

Ç'aurait été trop bête de laisser une belle assiette de charcuterie comme ça sur la paille. Alors j'ai tout mangé. Imaginez-le comme un gros hamburger tout chaud, à portée de la main…

Donne ton opinion sur la première partie de l'histoire.
- Qu'est-ce que tu trouves le plus surprenant ou amusant ?

Fais des prédictions sur la suite de l'histoire.
- D'après toi, comment le loup expliquera-t-il qu'il a dévoré le Deuxième Petit Cochon ?

Je me sentais un peu mieux. Mais je n'avais toujours pas de sucre. Alors j'ai marché jusque chez le voisin d'à côté. Ce voisin, c'était le frère du Premier Petit Cochon.

Il était un peu plus malin, mais pas beaucoup. Il avait construit sa maison en branches.

J'ai sonné à la maison de branches. Pas de réponse. J'ai appelé: «Monsieur Cochon, Monsieur Cochon, vous êtes là?» Il a hurlé: «Va-t'en, Loup. Tu ne peux pas entrer, je suis en train de me raser les poi-poils de mon petit menton.»

J'avais à peine touché la poignée de la porte, quand j'ai senti que j'allais encore éternuer. J'ai soufflé… Et j'ai soufflé… J'ai essayé de mettre la main devant la bouche, mais j'ai éternué un bon coup.

Tu perds le fil du texte? Relis-en une partie. Ralentis ou accélère ta vitesse de lecture.

Eh bien, croyez-moi si vous le voulez, mais la maison de ce type s'est écroulée, exactement comme celle de son frère! Quand la poussière s'est envolée, j'ai vu le Deuxième Petit Cochon – mort comme une bûche. Parole de Loup.

N'empêche. Tout le monde sait que la nourriture s'abîme si on la laisse traîner dehors. Alors j'ai fait mon devoir. J'ai re-dîné. C'était un peu comme une seconde portion. J'avais beaucoup trop mangé. Mais mon rhume allait un peu mieux. Et je n'avais toujours pas de sucre pour le gâteau d'anniversaire de ma vieille grand-maman chérie. Alors, j'ai marché jusque chez le voisin. Ce type était le frère du Premier et du Deuxième Petit Cochon. C'était sûrement le cerveau de la famille. Il avait construit sa maison en briques.

J'ai frappé à la maison en briques. Pas de réponse. J'ai appelé: «Monsieur Cochon, Monsieur Cochon, êtes-vous là?» Et devinez ce qu'il m'a répondu, ce sale petit porc.

«Hors d'ici, Loup, et ne viens plus me déranger!»

En voilà des manières! Il avait certainement des kilos de sucre chez lui. Et il ne voulait même pas m'en donner un petit bol pour le gâteau d'anniversaire de ma vieille grand-maman chérie! Quel cochon!

J'allais rentrer chez moi, prêt à écrire une jolie carte de vœux à la place du gâteau, quand j'ai senti mon rhume qui revenait. J'ai soufflé… Et j'ai soufflé… Et j'ai éternué encore une fois. C'est à ce moment-là que le Troisième Petit Cochon a hurlé: «Et ta vieille grand-maman peut aller se faire voir!»

Je suis un gars plutôt calme, d'habitude. Mais quand quelqu'un parle comme ça de ma grand-maman, je perds un peu mon sang-froid.

Quand la police a débarqué, c'est vrai que j'essayais de défoncer la porte de ce Cochon. Et en même temps, je soufflais, je soufflais, j'éternuais et je faisais une vraie crise de rage.

Le reste, comme on dit, c'est de l'histoire.

Les journalistes ont tout découvert sur les deux cochons que j'avais mangés pour le dîner. Ils se sont dit qu'un type malade qui essaie d'emprunter un peu de sucre, ça ne ferait pas les gros titres. Alors ils ont monté toute cette histoire avec «souffler et souffler». Et ils ont fait de moi le Grand Méchant Loup.

Et voilà.

La vérité. On m'a piégé.

Mais vous pourriez peut-être me prêter un peu de sucre?

Jon Scieszka, *La vérité sur l'affaire des Trois Petits Cochons*, Nathan, 1991 (pour la traduction française), copyright © 1989, Jon Scieszka, reproduit avec la permission de Viking Penguin, une marque de Penguin Putnam Books for Young Readers, division de Penguin Putnam Inc. Tous droits réservés.

Compare l'histoire que tu viens de lire avec celle des Trois Petits Cochons.

- Qu'est-ce qui se ressemble? Qu'est-ce qui est différent?
- Quelle version de l'histoire préfères-tu? Celle des Trois Petits Cochons ou celle de L. E. Loup? Explique ton choix.

créativIdées

Rappelle-toi l'histoire du Petit Chaperon rouge et amuse-toi à inventer la version du loup.

 Joëlle, 26 ans, est ingénieure civile. À quoi ressemble son travail ? Pour le savoir, **lis** l'entrevue qui suit. Cela te donnera peut-être des idées !

 Pour comprendre une phrase longue, essaie de la séparer en petits blocs.

— Regroupe les mots qui vont bien ensemble. Les virgules peuvent servir d'indices pour faire des regroupements.

Observe comment cette stratégie aide à comprendre les deux phrases soulignées dans le texte.

MÉTIER : # ingénieure civile

1. *Joëlle, qu'est-ce qui t'a amenée à choisir ce métier ?*

Je ne le sais pas exactement. Enfant, j'aimais le bricolage et les jeux de construction. Avec des blocs, je réalisais toutes sortes de constructions : des maisons, des ponts, etc. Je m'amusais à faire des maisons de coussins et à construire des barrages dans le sable. Adolescente, j'ai d'abord voulu être architecte, puis ingénieure.

MOI, JE NE SUIS PAS INGÉNIEURE, MAIS JE SUIS TRÈS INGÉNIEUSE !

2. *Peux-tu décrire ce que font les ingénieurs civils ?*

Certains conçoivent des édifices, des ponts, des tunnels, des barrages et des ports. D'autres construisent des réseaux routiers ou encore des systèmes d'aqueduc. On trouve des ingénieurs civils dans tous les domaines.

3. *Leur travail semble se rapprocher de celui de l'architecte. En quoi est-il différent ?*

De façon générale, disons que les architectes dessinent la forme des bâtiments et précisent leurs dimensions. Les ingénieurs, eux, font en sorte que les constructions tiennent debout longtemps.

*J'étudie des plans /
et je fais des calculs /
pour tenir compte
de la circulation, /
de la qualité des sols /
et du climat.*

*Je planifie aussi
les travaux, /
j'en calcule le coût, /
puis je prévois le nombre
de personnes /
à engager /
pour faire et superviser
les travaux.*

4. *Ton travail, en quoi consiste-t-il au juste?*

Actuellement, je participe à la conception d'une autoroute. J'étudie des plans et je fais des calculs pour tenir compte de la circulation, de la qualité des sols et du climat. Pour supporter les camions, l'autoroute doit être solide et résister aux gels et dégels si fréquents au Québec. En me servant de mes calculs, je détermine la largeur et l'épaisseur de la route. Je peux alors évaluer les quantités de matériaux à utiliser. Je planifie aussi les travaux, j'en calcule le coût, puis je prévois le nombre de personnes à engager pour faire et superviser les travaux.

5. *Qu'est-ce que ça prend pour devenir ingénieur ou ingénieure?*

Il faut s'intéresser aux choses! Vous aimez inventer des objets, découvrir le monde, comprendre comment tout fonctionne? L'ingénierie est probablement pour vous, à condition que vous aimiez la mathématique et les sciences. Il est essentiel aussi de bien travailler en équipe.

Le savais-tu?

Plusieurs personnes participent à la construction d'un pont.
- **Architectes, ingénieurs civils et dessinateurs le conçoivent.**
- **Divers techniciens analysent le sol et les matériaux.**
- **Une équipe de construction, coordonnée par le gérant ou la gérante de projet et ses contremaîtres, assure la réalisation du pont.**
- **Arpenteurs et ouvriers (opérateurs de machinerie lourde, camionneurs, grutiers, cimentiers, soudeurs, électriciens…) se partagent les tâches.**

Montre ta compréhension du texte.

- Note, dans tes mots, ce que font les ingénieurs civils.
- Dans quelles réponses Joëlle l'explique-t-elle?

Fais des liens entre ta propre vie et le parcours de Joëlle.

- Décris des constructions que tu as déjà réalisées.
- Dans ta vie, quelle est ton activité préférée? Nomme un métier qui y est relié et dis ce que ça prend pour l'exercer.

Dis comment, en un coup d'œil, tu peux reconnaître une entrevue.

Avant d'entreprendre de grandes constructions, les ingénieurs font des tests à partir de modèles réduits. Fais comme eux! Dans les laboratoires ci-dessous, **teste** la solidité de trois types de structures.

AU CŒUR DES GRANDES CONSTRUCTIONS

Quand on construit un pont ou une tour, le plus important, c'est sa structure.

La structure, c'est comme le «squelette» de la construction. Elle doit être très solide, car elle supporte l'ensemble.

poutre

pile

tablier

La **poutre** et les **piles** d'un pont à poutre supportent tout le pont.

Des poutres à toute épreuve

Imagine un pont formé d'un simple tronc d'arbre. Si le tronc n'est pas assez solide, pourras-tu traverser le ruisseau sans te mouiller? C'est pareil pour un pont à poutre: si la poutre n'est pas assez solide, le pont ne vaut rien… Il revient aux ingénieurs de concevoir de bonnes poutres.

Laboratoire

Donner de la solidité à une poutre

Construis la poutre la plus solide qui soit. Ta contrainte: tu n'as droit qu'à une feuille de papier par poutre!

Premier montage

Reproduis le montage que voici.

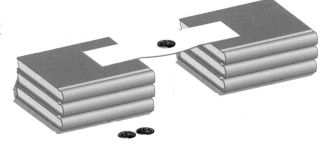

Utilise plusieurs petits objets semblables pour tester la solidité de la poutre de ton pont.

Mets un premier objet sur la poutre, puis un deuxième, etc. Note la charge qu'elle peut supporter avant de s'écrouler.

Refais tes essais avec les trois types de poutres présentés ci-dessous et imagines-en trois autres. Note, sur une fiche, la charge que peut supporter chaque poutre.

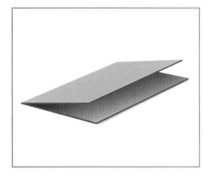  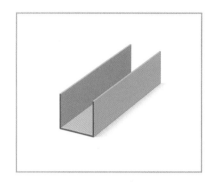

Essaie enfin une poutre à caisson. Comme elle est creuse, elle a l'avantage d'être plus légère que si elle était pleine.

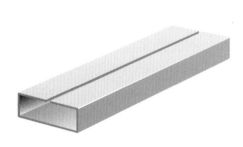

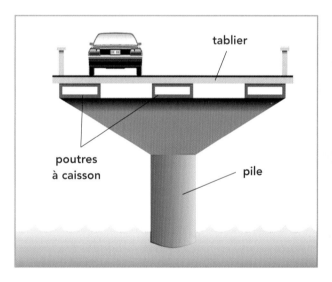

tablier

poutres à caisson

pile

Le tablier des ponts très larges repose sur plusieurs poutres à caisson.

Souvent, les illustrations aident à comprendre.

Compare tes poutres et **classe**-les de la plus solide à la moins solide.

Explique l'utilité de faire plusieurs essais pour résoudre un problème.

- Pourquoi est-il important de noter les résultats de chaque essai ?
- Pourquoi faut-il utiliser des objets très semblables comme charge dans tous les essais ?

Dis où tu as déjà vu des ponts à poutre.

Des piles à toute épreuve

Imagine à nouveau le tronc d'arbre qui enjambe le ruisseau. Si ce tronc est déposé sur des tas de sable, que se passe-t-il ? C'est pareil pour le pont à poutre : si la poutre repose sur des piles qui ne sont pas assez solides, le pont ne vaut rien... Il revient aux ingénieurs de concevoir de bonnes piles.

Le savais-tu ?

Pour construire les piles d'un pont, on commence par creuser des trous. Dans chaque trou, on met un grand moule qu'on appelle *coffrage*. Celui-ci peut avoir plusieurs mètres de haut. Du béton est ensuite coulé dans ce coffrage. Quand le béton a durci, on enlève le coffrage, et il reste une pile.

Laboratoire

Trouver la forme de pile la plus solide

Découvre la forme de pile la plus solide en faisant le test qu'on te propose. Ta contrainte : tu n'as droit qu'à une feuille de papier par pile et à du ruban adhésif.

Fabrique des piles de même hauteur qui ont diverses formes.

Pose ensuite un petit livre sur une de tes piles. Ajoute un deuxième livre, puis un troisième, etc. pour voir à quel moment la pile va céder. Note la charge que peut supporter chaque pile.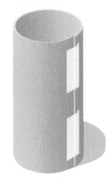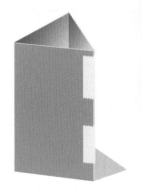

Classe les piles que tu as testées, de la plus solide à la moins solide.

Explique l'utilité de faire le même test avec différentes piles.

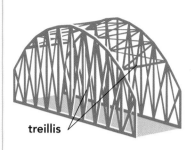

treillis

Le pont d'Hébertville au Lac-Saint-Jean

Des poutres en treillis très solides

Imagine enfin que la rivière est très large. Si le tronc n'est pas soutenu par plusieurs piles, qu'arrive-t-il? C'est pareil pour le pont à poutre. S'il n'y a pas assez de piles, le pont ne vaut rien.

Pour faire un long pont à poutre sans mettre beaucoup de piles, les ingénieurs utilisent des poutres en treillis. Le treillis est une structure faite d'une série de figures géométriques. Il permet de fabriquer des structures longues ou hautes très résistantes et légères. Il revient aux ingénieurs de concevoir le treillis le mieux adapté à chaque construction.

Laboratoire

SI TU LE PEUX, PRENDS TON CARTON DANS LE BAC DE RECYCLAGE !

Choisir une figure pour un treillis

Trouve la figure géométrique la plus rigide ou solide pour faire un treillis.

Réalise les figures ci-dessous.

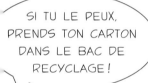 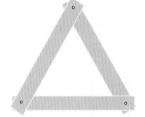  

Pose tes figures à plat et pousse les côtés de chacune d'elles avec les doigts. Quelles figures peux-tu facilement déformer? Que peux-tu faire pour leur donner plus de rigidité?

Fais un nouvel essai.
Cette fois, utilise des bandes pliées.
Est-ce plus rigide?

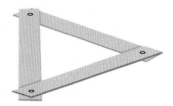

Nomme des structures faites de treillis.

Montre ta compréhension en dessinant ou en expliquant ce que tu ferais pour construire une tour de 50 cm de haut avec des pailles.

Imagine que tu fabriques une grande marionnette à fils. Quel fil choisis-tu ? Comment peux-tu savoir que tu as fait le bon choix ?

Dans les constructions, il n'y a pas que la structure qui compte, les matériaux aussi ! Pour choisir leurs matériaux, les ingénieurs font des tests. Fais comme eux ! Dans le laboratoire ci-dessous, **compare** la résistance de quelques fils.

Laboratoire

Z'AI UN FIL SUR LA LANGUE !

Quel fil est le plus résistant ?

Teste la résistance à la traction de quelques fils. En d'autres mots, vérifie jusqu'à quel point un fil peut s'étirer sans casser.

Procure-toi différents types de fils ou de ficelles (fil à pêche, soie dentaire, fil à coudre, nylon, laine, etc.), un seau et un coussin.

Reproduis le montage ci-dessous avec chaque type de fil.

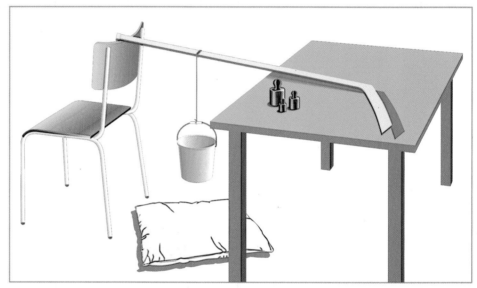

Dépose graduellement et délicatement des objets (ex.: des clous ou des poids standards) dans le seau jusqu'à ce que le fil casse sous le poids de la charge. Note la charge maximale qu'il peut supporter sans casser.

Une suggestion : pèse la charge soutenue par chaque fil.

Construis un tableau pour noter la charge que chaque fil supporte.

- Quel fil est le plus résistant ? Pourquoi ?
- Que penses-tu de l'utilité du tableau pour noter tes résultats ?

Explique ce qu'est la traction et donnes-en des exemples.

La nature détient le secret de fabrication d'un fil vraiment épatant. De quoi s'agit-il ? Pour le savoir, **lis** le texte.

 Essaie la stratégie «sépare la phrase» sur trois longues phrases de ton choix.

«Fil d'or»

L'araignée est une tisseuse remarquable. À la pointe de son abdomen se trouvent des filières d'où sortent des fibres. Une fois réunies, ces fibres forment un fil extraordinaire parfois appelé «fil d'or» à cause de ses qualités exceptionnelles.

Un petit trésor

Le fil d'araignée est plus léger et cinq fois plus résistant à la traction qu'un fil d'acier de même grosseur. Il est biodégradable (c'est-à-dire qu'il se décompose dans la nature) et beaucoup plus élastique que le nylon, une fibre synthétique utilisée dans la confection de certains vêtements. En fait, le fil d'araignée est tellement résistant qu'il peut, sans se briser, arrêter un insecte qui vole à 30 kilomètres à l'heure ! Dire que, pour fabriquer un tel fil, l'araignée ne pollue pas et ne mange que des mouches ou des sauterelles…

Du fil à retordre !

Pourquoi s'intéresser au fil d'araignée ? Parce qu'il pourrait servir à fabriquer une grande variété d'objets : gilets pare-balles, veines artificielles, lignes à pêche, etc. Mais il est très difficile de fabriquer de grandes quantités de fils d'araignée. On a tenté d'élever des araignées pour en récupérer la soie, mais les bestioles se dévoraient entre elles… Depuis, d'autres méthodes auraient donné de meilleurs résultats. À suivre !

Réagis au texte.

- Dis ce que tu trouves le plus étonnant à propos du fil d'araignée.
- À ton avis, l'humain est-il capable de reproduire ce que fait la nature ? Pourquoi ?

Récapitule l'essentiel du texte.

- Classe l'information dans un schéma.

Qu'est-ce qu'on a utilisé comme source d'inspiration pour inventer le sous-marin ? **Lis** le texte ci-dessous pour découvrir une étonnante contribution… animale !

 Sépare en petits blocs les longues phrases soulignées dans le texte.

Le dauphin, «sous-marin» vivant

Le dauphin est un animal extraordinaire ! En l'observant de plus près, les scientifiques ont compris qu'il était parfaitement adapté à la vie sous-marine. D'ailleurs, ils se sont largement inspirés du dauphin pour fabriquer les sous-marins les plus modernes.

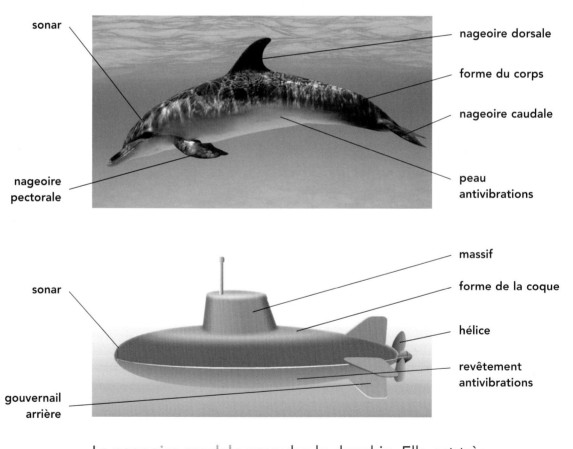

La nageoire caudale propulse le dauphin. Elle est très puissante grâce à l'énergie fournie par les muscles.

À bord du sous-marin, c'est l'hélice qui propulse le navire grâce à l'énergie fournie par le réacteur nucléaire.

Le dauphin a une peau antivibrations pour éviter les tourbillons de l'eau le long de son corps. Ainsi, il n'est pas freiné en pleine vitesse.

En adaptant ce système, les techniciens ont mis au point un revêtement antivibrations pour les sous-marins.

La forme du corps du dauphin est arrondie vers l'avant et effilée vers l'arrière. Cela lui permet de filer dans l'eau en créant très peu de remous.

Les coques des sous-marins sont construites sur ce modèle.

Grâce à sa nageoire dorsale, le dauphin reste stable dans l'eau.

Le sous-marin, lui, a un «massif» où se trouvent le périscope et d'autres appareils d'observation. Ce massif empêche le sous-marin de basculer sur le côté et de se retrouver la tête en bas !

Les nageoires pectorales du dauphin lui servent de gouvernail. En les inclinant, le dauphin tourne à droite ou à gauche.

Sur le sous-marin, c'est la partie verticale du gouvernail arrière qui joue ce rôle.

Le dauphin est équipé d'un sonar. Il émet des ultrasons qui rebondissent sur les obstacles puis reviennent jusqu'à lui. En écoutant ces échos, le dauphin se localise et s'oriente.

Pour détecter les obstacles, le sous-marin a aussi un sonar.

Anne Francou, *Images Doc*, n° 81.

 Fais le point sur la stratégie «sépare la phrase».

Montre ta compréhension. Associe chaque partie de sous-marin à la partie de dauphin qui l'a inspirée. Au besoin, réfère-toi au texte.

Nomme d'autres matériaux, structures ou objets inspirés de la nature.

MES ANTENNES
RESSEMBLENT À CELLES
DE LA TÉLÉ... NON ?

Une affiche pour présenter des résultats d'expérience

Tu as réalisé une expérience. Pour en communiquer les résultats à plusieurs personnes à la fois, **fais** une affiche !

> Mon équipe prépare une affiche pour l'Expo-sciences.

> J'utilise une affiche pour ma présentation devant la classe.

> Consulter les affiches de mes camarades, ça me donne le goût de faire des expériences.

Analyse la situation.

Réfléchis à ton affiche.
- Qui la lira ?
- À quelle distance sera-t-elle des gens qui la liront ?
- Quelle grandeur et quelles couleurs aura-t-elle ?

Prépare le terrain.

Rappelle-toi ton expérience.
- Relis ce que tu as noté avant, pendant et après ton expérience.

Sélectionne l'information que tu présenteras sur ton affiche.

Pense à un dessin ou à un tableau pour illustrer ton expérience.

Réalise ton premier jet.

Fais ton affiche comme tu penses qu'elle doit être.

Regarde comment les autres ont fait.

Compare ton affiche avec celles de tes camarades.
- Observe ce qui est semblable et différent d'une affiche à l'autre.

Observe les affiches suivantes.

- **Compare** les parties Ⓐ des deux affiches. Que remarques-tu de semblable ? de différent ? Fais le même travail avec les autres parties des affiches.

Compare ton premier jet avec les affiches ci-dessus.

- Que garderas-tu ? Que modifieras-tu ?

Remplis ta *Fiche de récriture d'une affiche* pour retenir ce que tu as appris.

Refais ton affiche pour l'améliorer.

• Consulte ta *Fiche de récriture d'une affiche*.

Des conseils pour choisir des couleurs

1. Choisis d'abord la couleur de ton affiche. Pour la couleur des lettres ou des éléments décoratifs, consulte la roue des couleurs et choisis la couleur opposée à celle de ton affiche. Par exemple, si ton affiche est bleue, tu pourrais ajouter des éléments orangés.

2. Tu peux aussi t'inspirer des couleurs des panneaux de signalisation routière (par exemple, lettres noires sur fond jaune; lettres blanches sur fond bleu, vert ou rouge). Tu auras alors une affiche très, très voyante…

3. Pense à utiliser les nuances d'une couleur. Par exemple, si ton affiche est vert forêt, tu peux ajouter des touches vert lime.

Montre ton affiche améliorée.

 Demande à une ou à plusieurs personnes de commenter ton travail.

Parmi les commentaires reçus, tiens compte des meilleurs.

Apporte les dernières modifications à ton affiche.

Corrige le texte de ton affiche à l'aide de ta *Fiche de correction.*

ATTENTION !
SUR UNE AFFICHE,
LES MOTS SONT ÉCRITS GROS...
ET LES FAUTES SAUTENT
AUX YEUX !

Réalise la version finale de ton affiche.

Affiche ta production !

Fais le point sur l'utilité de faire commenter son travail et de tenir compte des meilleurs commentaires.

Décris la démarche suivie pour fabriquer ton affiche.

• Dis dans tes mots les étapes de la réalisation d'une affiche.

Garde des traces des étapes de ton travail. Avant de réaliser ta prochaine affiche, pense à les consulter !

Baie d'Ungava

Baie d'Hudson

QUÉBEC

LABRADOR
(Terre-Neuve)

Baie James

Golfe du Saint-Laure

Île d'Anticosti

MISTISSINI

CHIBOUGAMAU

RIMOUSKI

TADOUSSAC

Fleuve Saint-Laurent

QUÉBEC

MANIWAKI

KANESATAKE

OCÉ.
ATLANT

Au Québec, plusieurs noms de localité et de cours d'eau sont d'origine amérindienne, le savais-tu ? Prends place à bord du grand canot à voyager dans le temps et pars à la rencontre des premières sociétés qui ont vécu en Amérique.

Lac Ontario

6 Premiers habitants

Que sais-tu des gens qui habitaient ici il y a cinq cents ans ?
PREMIERS HABITANTS t'invite à découvrir l'organisation
des sociétés qui vivaient en Amérique vers 1500. Au fil
des chantiers, tu trouveras de l'information pour répondre
à tes questions et réaliser tes projets. Tu donneras ton opinion.
Tu verras d'autres moyens de comprendre les phrases et
tu écriras une fiche de renseignements.

Réagis à la carte d'exploration ci-dessous et **active** tes idées.

• Quelles questions te poses-tu sur les premiers habitants ?

MES MOCASSINS ?
ILS VIENNENT
DE NATASHQUAN.

Qui étaient-ils ?

Comment faisaient-ils
pour se nourrir ?
se loger ? se déplacer ?
se vêtir ?

**Premiers
habitants**

Comment était
leur territoire ?

Qu'est-ce qui est
d'**origine amérindienne**
autour de nous ?

Planifie un projet pour découvrir une société qui vivait
en Amérique vers 1500.

Réalise-le et **présente**-le.

PISTES ET IDÉES

- Faire une maquette présentant le mode de vie d'une société
  en 1500.
- Inventer un jeu questionnaire sur une de ces sociétés.
- Construire des outils ou utiliser des techniques à la manière
  d'une de ces sociétés.

107

«Ouille ! Ça brûle !» Un brûlot vient de te piquer… Quand et comment ce féroce insecte est-il apparu sur notre territoire ? Pour le savoir, **lis** la légende ci-dessous. Elle est inspirée d'un conte amérindien.

 Quand tu ne comprends pas une phrase ou une partie de texte, relis-la. Ensuite, redis-la dans tes mots.

Observe les trois passages reformulés dans le texte.

LA LÉGENDE DES BRÛLOTS

PARTIE 1

Il y a très longtemps, bien avant l'arrivée des hommes blancs, vivait dans nos parages un géant. Ce géant-là était tellement grand que sa tête dépassait les nuages. Un seul de ses pieds remplissait un lac et une seule de ses mains pouvait couvrir une forêt. Son souffle avait la force d'un ouragan; sa voix ressemblait au tonnerre.

Quand il marchait, chacun de ses pas faisait naître un tremblement de terre. Mais quand il se déplaçait, justement, ses yeux étaient si éloignés de ses pieds qu'il lui arrivait souvent d'écraser des villages sans s'en rendre compte.

Alors, les gens, les Indiens qui vivaient dans le pays, commencèrent à le craindre. Ils se mirent à chercher un moyen pour le chasser ou le détruire. Mais ils se sentaient impuissants eux, si petits, devant le géant immense et puissant. Ils inventaient toutes sortes de stratagèmes depuis des années mais ils n'arrivaient à rien. Et la peur du géant augmentait.

Un jour, le géant se sentit fatigué, ce qui arrive, même chez les géants. Alors, il se coucha dans le fleuve Saint-Laurent. Il s'assit dans l'eau et appuya sa tête sur l'île d'Anticosti. Puis, doucement, il allongea ses membres: son bras droit trempait dans le Saguenay et sa main clapotait dans le lac Saint-Jean. Avec son bras gauche, il encercla les Appalaches. Son pied droit écrasa une partie de Montréal, sa jambe gauche aplatit une grande quantité d'arbres. Et le géant s'endormit.

Il dormit longtemps, longtemps car ce que fait un géant dure toujours beaucoup plus longtemps que pour les hommes ordinaires. Et ça, les Indiens le savaient. Ils se réunirent donc en grand conseil pour décider de profiter du sommeil du géant. Le temps était venu de mettre à profit tous les plans et les ruses qu'ils élaboraient depuis tant d'années.

Je comprends ! Ça veut dire qu'il était temps d'utiliser les idées de chacun pour se débarrasser du géant.

Relève cinq images qui décrivent le géant.

• Quelle est la plus belle ou la plus étonnante ? Pourquoi ?

Localise le géant en position couchée sur une carte du Québec.

• Calcule combien de kilomètres environ mesure le géant. Explique comment tu t'y prends.

Fais des prédictions sur la suite de l'histoire.

• Que tenteront les Indiens pour se débarrasser du géant ?

Plusieurs tribus partirent vers l'île d'Anticosti. Là, les Indiens attachèrent les cheveux du géant aux grands arbres alentour. D'autres tribus filèrent plus loin pour attacher les cordons des mocassins du géant à tous les rochers qu'ils trouvèrent à proximité. D'autres encore détachèrent son ceinturon et lui firent faire le tour des Appalaches où ils le fixèrent solidement.

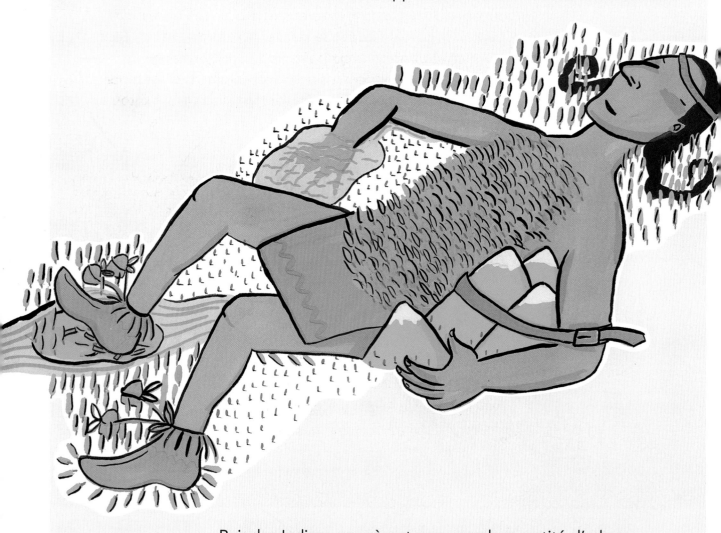

Puis, les Indiens coupèrent une grande quantité d'arbres qu'ils empilèrent sur le corps du géant endormi. Petit à petit, le géant se retrouva enseveli sous d'énormes tas de troncs et de branches d'arbres qui séchaient au soleil. Et le géant dormait toujours. Quand les Indiens jugèrent que le géant ne pourrait plus jamais se relever, ils retournèrent dans leurs bourgades.

Je comprends ! Ça veut dire qu'on a mis beaucoup de troncs et de branches sur le géant.

Je comprends ! Ça veut dire que les petits morceaux de bois brûlé se sont transformés en brûlots.

Mais un orage s'éleva et un éclair mit le feu à la forêt. Le géant s'éveilla et s'aperçut qu'il ne pouvait pas bouger. Il essaya de se défaire de ses attaches et des piles de bois qui l'immobilisaient, tandis que l'incendie gagnait du terrain et commençait à atteindre les billots. Sa colère était grande. Il rassembla ses forces et, d'un bond, il cassa ses liens et fit rouler le bois qui l'entravait. Il se sauva à grandes enjambées et décida de se venger en jetant un sort aux gens qui avaient tenté de le tuer.

Il se mit à piétiner les flammes et le bois calciné et aussitôt des millions et des millions de petites pépites noires remplirent le ciel enfumé au-dessus du pays. Et instantanément, ces millions de petits points noirs se changèrent en brûlots, tandis que le géant de ses pas gigantesques quittait à tout jamais le pays à moitié dévasté. Mais il avait éteint le feu, et le pays survécut et les brûlots aussi !

© 1996, Éditions Milan, «La légende des brûlots»,
Mille ans de contes – Québec,
textes choisis et commentés par Cécile Gagnon.

Fais le tour de l'histoire pour montrer que tu l'as comprise.

Donne ton opinion sur le texte. Que penses-tu…

– du plan des Indiens pour se débarrasser du géant ?
– du sort que jette le géant à ceux qui ont voulu l'éliminer ?
– de l'explication de l'origine des brûlots ?

créativIdées

Pense à une légende pour expliquer l'origine d'un phénomène.

EXEMPLES :
– *La légende de la neige blanche*
– *La légende du rocher Percé*
– *La légende de la Lune*

Partage ensuite tes idées avec tes camarades. Ensemble, choisissez la meilleure et inventez votre propre légende.

Avant l'arrivée des découvreurs, qui habitait le territoire où tu vis aujourd'hui ? Pour le savoir, **lis** le texte ci-dessous.

Redis dans tes mots les phrases soulignées dans les chantiers 2, 3 et 4.

Les habitants d'ici vers 1500

Territoire des Algonquiens
Territoire des Iroquoiens
Territoire des Inuits

Baie d'Hudson

Baie James

Lac Supérieur

Fleuve Saint-Laurent

Golfe du Saint-Laurent

L. Michigan

Lac Huron

L. Ontario

Lac Érié

OCÉAN ATLANTIQUE

Les territoires des autochtones au 16e siècle

Au 16e siècle, c'est-à-dire entre 1501 et 1600, deux sociétés amérindiennes habitent une grande partie du territoire du nord-est de l'Amérique: les Iroquoiens et les Algonquiens. Ces deux sociétés ne vivent pas de la même manière.

Les Iroquoiens, des sédentaires

Les Iroquoiens vivent autour des lacs Ontario, Érié et Huron de même que dans la vallée du Saint-Laurent. Dans ces régions, le sol est fertile et la forêt riche en gibier. Les Iroquoiens peuvent donc cultiver la terre et avoir un domicile fixe. Ils s'installent à un endroit pour plusieurs années (de 10 à 15 ans) et forment des villages. Ils se construisent des maisons longues solides et confortables.

Les Algonquiens, des nomades

Le territoire des Algonquiens couvre presque tout le Québec d'aujourd'hui. Dans l'ensemble, le sol y est peu fertile. Par contre, la forêt est dense, elle abrite beaucoup d'animaux et les cours d'eau regorgent de poissons. Elle permet aux Algonquiens de chasser, de pêcher et de cueillir des petits fruits pour se nourrir. Mais ils ne peuvent pas vivre longtemps au même endroit parce que le gibier et le poisson finissent par manquer. Les Algonquiens se déplacent alors vers un autre territoire de chasse et de pêche. C'est pourquoi ils s'abritent dans des wigwams, une sorte de tente qui se monte et se démonte facilement.

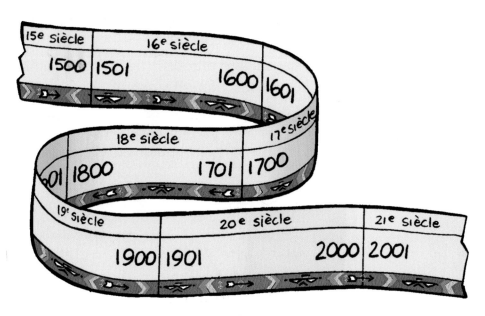

Dans les années 1500, il y a environ 100 000 Iroquoiens et 20 000 Algonquiens sur leur territoire respectif.

Aujourd'hui, il y a environ 63 300 Amérindiens au Québec.

Montre que tu as compris le texte.

- Explique la différence entre «nomade» et «sédentaire».
- Aujourd'hui, les gens vivent-ils de façon nomade ou sédentaire? Explique ta réponse.

Précise quelle société amérindienne habitait sur le territoire de ta région vers 1500.

Comme tu le sais, chaque territoire a ses avantages et ses inconvénients. Aux habitants de s'y adapter; il en a toujours été ainsi. Quels étaient les atouts et contraintes du territoire des Iroquoiens ? Pour le savoir, lis le texte.

Le territoire des Iroquoiens vers 1500

À cette époque, pourquoi les Iroquoiens sont-ils sédentaires ? Parce qu'ils s'adaptent bien au relief, au sol, aux étendues d'eau, à la forêt et au climat de leur territoire.

Un relief favorable

Les Iroquoiens habitent un territoire plat ou peu ondulé. Il est facile de s'y déplacer et d'y construire des villages. La plupart des villages sont situés près des cours d'eau. D'autres se trouvent au sommet d'une colline, ce qui permet de voir venir l'ennemi.

Des sols très fertiles

Les villages sont entourés de grands champs fertiles et cultivés. Les Iroquoiens y font pousser du maïs, des courges et des haricots. Mais comme les cultures sont toujours les mêmes, les sols finissent par s'épuiser. À cause de cela, tous les dix ou quinze ans, les Iroquoiens déplacent leurs villages vers de nouvelles terres.

Le maïs est la plus importante des plantes cultivées.
Ce sont les femmes qui s'occupent des champs et des cultures.

Des voies d'eau très étendues

Le réseau de lacs et de rivières du territoire iroquoien est étendu et il compte de nombreux cours d'eau. Les Iroquoiens s'y déplacent en canot et y pratiquent la pêche.

Une forêt généreuse

La forêt couvre presque tout le territoire des Iroquoiens. Elle leur sert d'abri en cas d'attaque et constitue une bonne réserve de bois de chauffage et de construction. Chaque printemps, elle fournit de l'eau d'érable. Elle abrite des petits animaux que les Iroquoiens chassent pour se nourrir ou se vêtir.

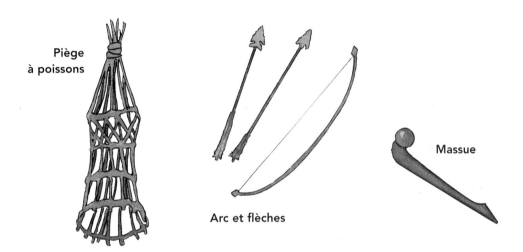

Piège à poissons

Arc et flèches

Massue

Plusieurs objets utilisés couramment par les Iroquoiens sont en bois ou en écorce : maisons, canots, toboggans, arcs, flèches, certains plats, jouets et contenants variés (vases et pilons).

Un climat varié

Le climat est à la fois un atout et une contrainte sur le territoire des Iroquoiens. La chaleur et l'humidité de l'été favorisent la croissance du maïs et des petits fruits sauvages. Par contre, l'hiver est long et difficile, surtout vers le nord. Les Iroquoiens ont cependant bien su s'y adapter. Les récoltes leur procurent assez de nourriture pour tenir jusqu'au retour de la belle saison.

> Cette première phrase est vague. La suite t'aidera peut-être à la comprendre.

Montre que tu as compris le texte.

- Dans un tableau, note les atouts du territoire qui permettent aux Iroquoiens de se loger, de se nourrir, de se déplacer et de se vêtir.

De nos jours, on passe au magasin pour se nourrir et se vêtir. Vers 1500, la société iroquoienne avait les mêmes besoins à satisfaire. Comment y parvenait-elle ? Pour le savoir, **lis** le texte.

La **vie** des Iroquoiens vers 1500

De quoi les Iroquoiens vivent-ils ?

Les Iroquoiens pratiquent la chasse, la pêche et l'agriculture. Ils travaillent aussi à la fabrication de poterie ou d'articles de vannerie. De plus, ils commercent avec d'autres sociétés amérindiennes. La monnaie n'existe pas, mais ils peuvent échanger leurs produits agricoles, principalement le maïs, contre du métal, des coquillages, du cuir, etc. Tout cela permet aux Iroquoiens de se nourrir, de se déplacer, de se vêtir et de se loger.

> Pour comprendre une phrase difficile, tu peux demander de l'aide.

Comment les Iroquoiens satisfont-ils leurs besoins ?

SE NOURRIR

Pour se nourrir, les Iroquoiens mangent le maïs, les haricots et les courges qu'ils cultivent. Ils consomment aussi la viande des animaux (wapiti, orignal, chevreuil, etc.) et la chair des poissons. Petits fruits, noix et sève d'érable complètent leur alimentation.

SE DÉPLACER

Selon la saison, les Iroquoiens utilisent divers moyens pour se déplacer. En été, ils marchent ou naviguent dans des canots. En hiver, ils chaussent des raquettes ou utilisent une traîne. Des canots et des traîneaux leur servent à transporter de lourdes charges.

Les canots d'écorce des Iroquoiens sont lourds et difficiles à manœuvrer. Les Iroquoiens préfèrent ceux des Algonquiens. Ils en obtiennent en échange de provisions.

SE VÊTIR

En été, tous restent torse nu. Les femmes portent une jupe et les hommes, un brayet. Certaines femmes enfilent parfois une robe qui leur descend jusqu'aux genoux. En hiver, ils revêtent mitaines, mocassins, mitasses et capes faits avec la peau ou la fourrure de bêtes comme le lynx ou le castor. Les femmes brodent les vêtements avec des poils d'orignal ou des piquants de porc-épic. Elles fabriquent aussi des colliers de coquillages ou de dents percées.

SE LOGER

Les Iroquoiens habitent dans de solides constructions appelées «maisons longues». La charpente de bois de ces maisons est recouverte d'écorce d'orme ou de cèdre. Une allée centrale permet aux habitants de circuler et de faire des feux pour se réchauffer et cuisiner. Des compartiments où l'on dort et entrepose nourriture et vêtements s'étendent de chaque côté de l'allée. De cinq à dix familles (environ cinquante personnes), toutes descendantes de la même mère ou grand-mère, vivent dans ces grandes maisons. Ces demeures sont groupées dans un village composé de 1000 à 2000 habitants. Pour protéger un village, on le construit sur une élévation et on l'entoure d'une haute palissade.

Toile de Guy Lapointe illustrant une maison longue (Recherches amérindiennes du Québec).

Décris la façon de vivre de la société iroquoienne.

- Dans le tableau qu'on te remet, note sa façon de se nourrir, de se déplacer, de se vêtir et de se loger.
- Mais avant, explique comment tu rempliras le tableau.

Explique pourquoi les Iroquoiens ont développé le type d'alimentation, les moyens de transport, les vêtements et les maisons qu'ils ont.

Donne ton opinion sur la façon de vivre des Iroquoiens.

- En quoi les trouves-tu ingénieux ?

Tu connais certainement des sociétés qui vivent très loin de la tienne. Par certains aspects, ces sociétés ressemblent à la tienne. Par d'autres, elles s'en distinguent.

Les Iroquoiens du 16ᵉ siècle vivaient la même situation. Les Incas, par exemple, formaient une société qui vivait loin d'eux. En quoi ressemblaient-ils aux Iroquoiens ? Comment s'en distinguaient-ils ? Pour le savoir, lis le texte ci-dessous.

 Essaie la stratégie « redis la phrase dans tes mots » sur trois phrases problèmes de ton choix.

LES INCAS VERS 1500

Le territoire des Incas au 16ᵉ siècle

La société des Incas habite un vaste territoire en Amérique du Sud, le long de l'océan Pacifique. Tout comme les Iroquoiens, les Incas mènent une vie sédentaire. Ils sont cependant beaucoup plus nombreux que les Iroquoiens. En effet, on estime qu'il y a environ huit millions d'Incas vers 1500.

QUELS SONT LES ATOUTS ET CONTRAINTES DU TERRITOIRE DES INCAS ?

LE RELIEF

À cause de la chaîne des Andes, le territoire des Incas est très montagneux. Les Incas tirent profit de ces montagnes. Ils y découvrent des métaux précieux comme de l'or et de l'argent. Au cœur des montagnes se trouvent des hauts plateaux. Les Incas les utilisent pour l'élevage du lama et de l'alpaga, un mammifère semblable au lama et remarquable pour sa laine fine et longue. Vers l'ouest du territoire, sur les bords de l'océan Pacifique, il y a un désert.

LE SOL

Les sols plats et fertiles sont rares sur le territoire des Incas. On en trouve un peu sur la côte de l'océan Pacifique, près des cours d'eau. Ailleurs, les Incas aménagent les pentes des vallées pour les cultiver. Ils transforment des pentes entières en escaliers géants. Leurs marches sont des champs à cultiver !

LE CLIMAT

Le climat tropical est un atout. La chaleur aide plusieurs plantes à pousser. Les Incas savent cultiver certaines d'entre elles.

DE QUOI LES INCAS VIVENT-ILS ?

L'agriculture et l'élevage sont les activités principales de la société inca. Des artisans fabriquent bijoux, tissus, poteries et sculptures. La monnaie n'existe pas, mais on échange des marchandises.

COMMENT LES INCAS SATISFONT-ILS LEURS BESOINS ?

SE NOURRIR

Les Incas se nourrissent surtout de maïs, de quinoa (plante à épis très nourrissante), de pommes de terre et de courges qu'ils cultivent eux-mêmes. Ils ajoutent à cela quelques produits de la chasse, de l'élevage et de la pêche.

SE VÊTIR

Pour se vêtir, les Incas utilisent le coton qu'ils cultivent et la laine de l'alpaga. Certaines femmes tissent de riches tissus en laine de vigogne, un mammifère qui ressemble à un petit lama et qui a le poil fin et laineux. Les tissus les plus utilisés pour l'habillement sont blancs avec un peu de gris ou de brun. Les Incas savent aussi teindre la laine avant de la filer.

MODULE 6

SE DÉPLACER

Pour se déplacer, les Incas circulent
à pied sur des routes. Comme le terrain
est très montagneux, certaines sections
des routes sont aménagées en escaliers.
D'autres sections sont remplacées
par des ponts suspendus qui enjambent
des ravins. Les Incas ne connaissent
ni la roue ni le cheval. Les lamas leur
servent à transporter de lourdes
charges.

SE LOGER

Dans les villes et dans les montagnes, les Incas construisent
de remarquables bâtiments de pierre (temples, forteresses,
maisons). Ils taillent d'immenses blocs de pierre, les
transportent jusqu'aux chantiers au moyen de billots de bois,
de leviers, de traîneaux et de cordes, puis les empilent pour
élever des murs. Sur le bord de l'océan, ils s'abritent souvent
dans des maisons faites en adobe, une sorte de brique
fabriquée avec des moules de bois et séchée au soleil.
Généralement, les maisons ont une fenêtre et une porte,
mais un sol en terre battue. Tous les édifices sont couverts
d'un toit de chaume.

Fais le point sur la stratégie « redis la phrase dans tes mots ».

Décris la façon de vivre de la société des Incas.

- Note dans un tableau sa façon de se nourrir, de se vêtir,
de se déplacer et de se loger.

Explique pourquoi les Incas ont développé le type
d'alimentation, les vêtements, les moyens de transport
et les maisons qu'ils ont.

Donne ton opinion sur la façon de vivre des Incas.

- En quoi les trouves-tu ingénieux ?

Compare la société iroquoienne avec celle des Incas.

- Dégage les ressemblances et les différences entre elles.

Chantier d'écriture

Une fiche pour informer

Tu organises une exposition ? Pour donner quelques renseignements sur ce que tu exposes, **écris** une fiche de renseignements.

> Sur ma fiche, je présente l'outil que j'ai fabriqué.

> Dans notre exposition, chaque objet est accompagné de sa fiche.

> J'écris une fiche pour donner de l'information sur mon bricolage.

Analyse la situation.

Réfléchis à ta fiche.

- Pour quelle raison écris-tu ta fiche ?
- Qui la lira ?
- Quel format aura-t-elle ?
- Que se passerait-il si l'objet que tu exposes n'était pas accompagné d'une fiche ?

Prépare le terrain.

Choisis l'objet que tu présenteras au moyen d'une fiche.

Trouve et **rassemble** les renseignements dont tu as besoin pour écrire ta fiche :

- nom, utilité, fabrication, particularités de l'objet, etc.;
- si c'est une œuvre d'art: titre de l'œuvre, source d'inspiration, ce que cela représente, matériaux utilisés, etc.

Sélectionne les renseignements qui figureront sur ta fiche.

Écris ton premier jet.

Écris ta fiche comme tu penses qu'elle doit être. Tu te serviras de ce premier jet pour réfléchir à des améliorations possibles.

Regarde comment les autres ont fait.

Compare ta fiche avec celles de tes camarades.

- Observe ce qui est semblable et différent d'une fiche à l'autre.

Trois règles d'or pour mettre de l'ordre dans les discussions

1. Pour respecter le droit de parole de chacun, interviens à ton tour, selon les règles établies dans l'équipe.

2. Pour qu'on te comprenne, formule tes commentaires le plus clairement possible.

3. Pour éviter les pertes de temps, reviens au sujet lorsque tu t'en éloignes.

Observe les fiches présentées à la page suivante.

- D'une fiche à l'autre, qu'y a-t-il de semblable et de différent ?

FOURMI BLEUE

Je suis un insecte ultra-charmant et pas nuisible du tout. J'affectionne les pages de manuels et je raffole des miettes de biscuits.

Pépin

– J'ai choisi ce nom à cause de la tache autour de l'oeil de mon toutou.
– J'ai reçu Pépin pour mes huit ans. C'est ma grand-mère qui me l'a donné.
– Pépin dort dans mes bras. Il me protège.
– Ses qualités: il est doux et fidèle. Je le trouve rassurant.
– Son défaut: il ne jappe pas comme un vrai chien. J'aimerais mieux un vrai chien, mais j'y suis allergique.

Le capteur de rêves

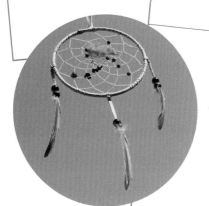

Le capteur de rêves est un objet traditionnel amérindien. Le plus souvent, il est rond. Parfois, il est en forme de goutte. C'est une sorte de filet. Il sert à attraper les cauchemars qui empêchent les enfants de dormir.

Brico-recyclage

CE QUE L'ŒUVRE REPRÉSENTE
un masque

SOURCE D'INSPIRATION
art amérindien

MATÉRIAUX UTILISÉS
bouteille d'eau, gouache, pinceau

ARTISTE
Paul-Antoine, 11 ans

Compare ton premier jet avec les fiches ci-dessus.
- Que garderas-tu de ta fiche ? Que modifieras-tu ?

Remplis ta *Fiche de récriture* pour retenir ce que tu as appris. ✎

Récris ton texte.

Récris ta fiche pour l'améliorer.

- Consulte ta *Fiche de récriture*.

Fais lire ta fiche améliorée à une ou à plusieurs personnes.

- Écoute les commentaires et tiens compte des meilleurs.
- Apporte les dernières modifications à ton texte.

Termine ton texte.

Corrige ta fiche à l'aide de ta *Fiche de correction*.

Transcris ta fiche au propre.

- Si possible, écris ta fiche à l'ordinateur. Colle-la ensuite sur un carton que tu pourrais décorer à ton goût.
- Pour choisir le papier ou le carton nécessaire, demande-toi comment ta fiche sera placée à l'exposition. Sera-t-elle fixée au mur ou déposée sur une table ?

LA VERSION FINALE DE TA FICHE RESSEMBLE-T-ELLE À TON PREMIER JET ?

Utilise ta fiche pour ton exposition.

- Place-la tout près de l'objet qu'elle doit accompagner.

 Fais le point sur l'utilité d'écrire un premier jet.

Garde des traces des étapes de ton travail. Avant d'écrire ta prochaine fiche de renseignements, pense à les consulter !

Aujourd'hui,
au petit déjeuner,
j'ai trouvé un serpent
à sonnettes dans la boîte à sucre.
Hier, c'était un serpent à lunettes.

Et puis, je n'ai pas pu boire
mon chocolat parce qu'il y avait
une sirène qui nageait la brasse
dans ma tasse.

Quand j'ai voulu me couper
une tartine, le pain s'est mis
à parler...

S'IL M'ARRIVAIT
ENFIN QUELQUE CHOSE,
JE POURRAIS EN FAIRE
TOUTE UNE HISTOIRE !

Dans toutes les histoires
que tu lis, regardes
et écoutes, il y a
des personnages,
tu le sais. C'est essentiel,
mais insuffisant !
Il doit aussi leur arriver
quelque chose.
Que vivent les
personnages des
histoires que tu
préfères ? Est-ce drôle ?
dramatique ? effrayant ?
réaliste ? imaginaire ?

Tiré de Bernard Friot, «L'événement», *Histoires pressées*,
Paris, Éditions Milan, 1999, p. 35. (coll. Zanzibar)

7 Au cœur des histoires

Le module AU CŒUR DES HISTOIRES te plongera dans le vif des histoires que tu lis, regardes, entends, imagines et écris. Au fil du module, tu utiliseras ton imagination et tu développeras tes qualités d'équipier ou d'équipière. Tu apprendras aussi à comprendre les mots substituts et tu écriras une histoire.

Réagis à la carte d'exploration ci-dessous et **active** tes idées.

- Quelles questions te poses-tu sur les histoires ?

Quelles sont **tes préférées**
  - à la télévision ?
  - au cinéma ?
  - dans les livres ?

Qu'est-ce qui les rend **si passionnantes** ?

Lesquelles pourraient survenir **«pour vrai»** ?

Les histoires

Comment faire pour mieux **les comprendre** ?

Comment **en écrire** ?

*La Cigale et la Fourmi...
Mina la Fourmi...*
VOUS CONNAISSEZ ?

Planifie un projet pour découvrir, créer ou faire connaître une ou plusieurs histoires.

Réalise-le et **présente**-le.

---PISTES ET IDÉES---

- Jouer une histoire inventée par la classe.
- Écrire une histoire et en faire un livre.
- Faire connaître les histoires préférées des élèves de la classe.

D'après toi, qu'est-ce qui rend une histoire intéressante ?
Parmi les textes suivants, choisis-en un. Lis-le pour repérer
la surprise ou la difficulté que vit son personnage principal.

Comment fais-tu pour comprendre les mots substituts
dans un texte ? Partage tes connaissances.

Cinq doigts de trop !

Étienne Sinot enleva la pile de feuilles de la photocopieuse et
l'examina avec satisfaction. Les deux cent pages du manuscrit
de son nouveau roman étaient là, reproduites en plusieurs
exemplaires.

Il ne regrettait vraiment pas d'avoir mis toutes ses économies
dans l'achat de cet appareil. Les copies paraissaient même plus
nettes que les originaux. Il fit glisser la liasse de papier entre le
pouce et l'index. Dire qu'il avait écrit tout cela de ses mains !

Il regarda ses doigts avec fierté et cela lui donna une drôle
d'idée, qui le fit sourire. Il posa sa main droite sur la vitre du
photocopieur et appuya solennellement sur le bouton de
marche.

Étienne Sinot, auteur de romans fantastiques, n'était
pas un homme facile à effrayer. Un bruit de pas
dans une maison déserte ou un volet claquant un soir
d'orage ne l'auraient pas fait sursauter. Il fut pourtant,
ce jour-là, saisi de panique.

Dans le bac où aurait dû se trouver la feuille de papier
venait de glisser une main, identique à la sienne jusque
dans ses moindres détails [...].

Il se frotta les yeux et fila à la cuisine se verser un verre
d'eau. Il attendit ensuite que sa respiration se soit
calmée pour revenir lentement vers la machine.

La main était toujours là !

Tiré de Michel Piquemal, *Les petites mains*,
à paraître aux Éditions Magnard en 2003.

UN PETIT DÉTAIL!

Dominic a tout prévu, il est prêt. Après la récréation,
il fera une présentation orale devant ses camarades.
Mais pendant la récréation, juste avant sa présentation,
il va aux toilettes...

Oui. Ça ira. J'ai tout prévu... Sauf ça! Zzzut!

«Ça», c'est un détail technique. Un détail, peut-être, mais terriblement important.

«Ça», c'est ma fermeture éclair qui ne veut pas remonter. Elle refuse de prendre le droit chemin. Elle s'obstine à demeurer en bas. Pourtant, le salut, mon salut, est en haut.

J'ai beau tirer, rien ne va. Mais il n'y a pas de quoi paniquer. Même que ça me fait rire. La situation est tellement ridicule.

Et si j'essayais de la main gauche?

Ah! C'est une bonne idée. J'aurais dû y penser avant. La main gauche, c'est la main du cœur. Et j'y vais avec cœur. On remonte tout et je m'en vais de ce pas rejoindre mes amis dans la cour d'école pour jouer au soccer.

Attention, l'ascenseur se prépare à...

Zzzut!...

L'ascenseur est en panne et la petite porte est toujours ouverte.

Tiré d'Alain M. Bergeron, *Zzzut!*,
Saint-Lambert, Soulières Éd.,
2001, p. 15-17.
(coll. Ma petite vache
a mal aux pattes)

Le grand rêve de Fred

Mon chat, j'en rêvais depuis deux ans au moins. J'avais tout essayé pour convaincre mes parents. Rien à faire.

Liane et André répondaient qu'avec leur poissonnerie ce n'était pas possible. Parce que cette poissonnerie, elle donne directement sur la cuisine.

— Te rends-tu compte, Fred ? Ce serait comme garder un renard dans un poulailler. Ou bien un perroquet dans une salle de réunions…

Au printemps, j'ai pourtant cru que Liane cédait. Elle m'a annoncé, les larmes aux yeux :

— Nous avons une grande nouvelle, Fred.

Je me suis dit : «Ça y est, je vais avoir mon chat.»

— Tu auras enfin de la compagnie, mon chéri.

J'ai agrippé le bord de ma chaise pour m'empêcher de sauter au plafond. À huit ans, je ne voulais pas réagir comme un enfant de quatre ans…

— Ton père et moi… enfin…

Elle a passé sa main doucement sur son ventre. Alors, je me suis vu, caressant mon chat de la même façon.

— Dans six mois…

Six mois ! C'était long, mais bon, puisque je l'aurais…

— Tu auras un petit frère !

Ça m'a pris deux jours pour m'en remettre.

Comprenons-nous bien. Ce n'était pas d'avoir un frère qui me décevait. C'était de ne pas avoir de chat.

Tiré de Marie-Danielle Croteau, *Le chat de mes rêves*,
Montréal, La courte échelle, 1994, p. 8-11. (coll. Premier Roman)

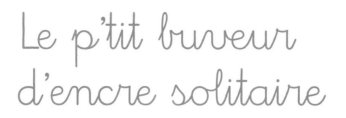

Le p'tit buveur d'encre solitaire

Depuis ma rencontre avec Draculivre, le buveur d'encre, je bois les livres. Comment ? Avec une paille !

J'aspire les histoires chapitre par chapitre. C'est délicieux. Quand elles entrent dans ma bouche, elles me chatouillent le bout de la langue. Je sens les goûts de toutes leurs aventures ! Tantôt je suis un pirate sur un fier trois-mâts. Tantôt je navigue dans l'espace à bord d'une fusée. Parfois, je suis un homme. Parfois, je suis un chat.

Avec ma paille, je vis mille vies. Toutes différentes. Toutes passionnantes.

Le seul ennui, c'est que personne ne doit le savoir. Alors je suce les livres en cachette, je sirote l'encre incognito, j'avale les mots en catimini. Quand il fait nuit…

Dommage que je sois si seul et que je ne puisse pas partager ma paille avec quelqu'un.

Tiré d'Éric Sanvoisin, *Une paille pour deux*,
Paris, © Nathan / VUEF, 2002, p. 5-6.

Fais équipe avec quelques camarades qui ont choisi le même texte que toi.

- Nommez le personnage principal de votre texte.
- Décrivez ce qu'il vit de surprenant ou de difficile, puis expliquez comment vous avez fait pour le savoir.

Le savais-tu ?

Dans toute histoire, le personnage principal vit ou cause un problème qu'il tente de résoudre. Ce problème, souvent présenté au début de l'histoire, peut être grave, farfelu, triste, inexplicable, touchant, etc.

Voici quelques exemples de problèmes :
– avoir une mauvaise surprise ;
– éprouver des ennuis mécaniques ;
– vouloir quelque chose ;
– souffrir de solitude ;
– se chicaner ;
– avoir à faire un choix difficile ;
– être changé en crapaud ;
– être enlevé par des extraterrestres ;
– faire une bêtise ;
– voir sa vie bouleversée parce qu'on a gagné à la loterie ;
– faire une rencontre bizarre ou inattendue ;
– attraper une maladie.

Réfléchis au texte que tu as lu.

- Le problème présenté pourrait-il arriver réellement ? Explique ta réponse.

créativ idées

Pense à ton personnage de livre, de télévision ou de cinéma préféré. Invente-lui trois problèmes différents. Note tes idées, elles pourraient t'inspirer des histoires.

Tu as l'habitude de faire des prédictions quand tu lis ? Voici un défi à relever en solo ou à plusieurs. **Lis** le texte suivant et imagine ce qui pourrait bouleverser la vie de Bruno.

Pour comprendre un mot substitut, demande-toi ce qu'il remplace.

— Relis ce qui précède le mot substitut.

— Fais une hypothèse sur ce qu'il peut remplacer.

— Vérifie ton hypothèse : mets ta réponse à la place du mot substitut et demande-toi si cela a du sens.

Observe comment comprendre les mots substituts soulignés ci-dessous.

Ma ruelle

Bruno raconte sa vie dans sa ruelle (la plus belle de toute la terre !),
un véritable paradis pour lui et ses amis.

•

Dans un coin de ma ruelle, c'est un peu la Grèce, grâce aux Papadopoulos. Ils cultivent la vigne grimpante qui tisse un toit de feuilles sur leur petite cour.

— Approchez ! nous lance Mme Papadopoulos.

*Qui offre des loukoums ?
Je relis et je fais
une hypothèse :
Elle (Mme Papadopoulos)
nous offre...
Oui, c'est cela !*

<u>Elle</u> nous offre des loukoums, ces confiseries qui ressemblent à de la pâte de fruits. C'est tout poudré de sucre. C'est bon ! [...]

Dans leur hangar, les Ricci suspendent des jambons salés. Une fois, M. Ricci nous a permis de les admirer. [...]

Ces beaux jambons sont dorés et ronds comme des violons ! Je sais de quoi je parle, car Maryse Roy, notre voisine du dessous, est violoniste. Ses violons ressemblent à des jambons.

Maryse Roy vit dans la musique, telle une fleur dans son parfum. Elle a du talent et un amoureux écossais.

Lorsqu'il fait beau, elle ouvre ses fenêtres et, soudain, on dirait le paradis. On entend frémir son instrument dans toute la ruelle !

Les voisins sortent des chaises et des poufs sur les balcons.

— Chut ! Arrêtez donc de tousser ! Chut !

On se croirait au concert.

Une fois, pour <u>la</u> remercier, les Nguyen lui ont offert un panier de fruits.

Ils sont très, très gentils les Nguyen. Leur boutique sent bon les épices et les écorces de mandarine séchées. C'est là que ma mère achète ces papayes au sirop que nous aimons tant.

À côté de chez nous, il y a un peu du Salvador de Mme Cruz. Elle n'a plus de mari et vit avec sa vieille mère et ses cinq enfants. Par contre, comme de raison, tout le monde les aide. [...]

Le voisin des Cruz, M. Pavlovic, est un Croate, bien qu'il soit né en Hongrie. Il fabrique des télescopes pour les adultes et des kaléidoscopes pour les enfants.

Telle est la vie dans ma ruelle pleine de personnages. [...]

Le soir, le front appuyé contre la vitre, je songe à tous ces gens déracinés. Je sais que je suis chanceux de vivre dans la paroisse Sainte-Philomène.

Je serais si malheureux d'être arraché de ma terre ! Je mourrais loin de ma ruelle, j'en suis sûr.

Tiré de Sylvain Trudel, *Le royaume de Bruno*,
Montréal, La courte échelle, 1998,
p. 37-43. (coll. Premier Roman)

 Attention ! Le mot substitut peut être loin de ce qu'il remplace.

Utilise ce que tu sais sur Bruno pour prédire ce qui lui arrivera.

- D'après ce que tu as lu, les relations de Bruno avec les personnages de sa ruelle pourraient-elles devenir une source de problèmes ? Explique ta réponse.
- Que t'apprennent les deux derniers paragraphes sur Bruno ?

En faisant appel à ton imagination, tente maintenant de résoudre un conflit entre deux personnages. **Lis** le texte ci-dessous pour découvrir deux héroïnes qui s'entendent… comme chien et chat.

 Attention ! Un mot substitut placé au début du texte peut remplacer le titre.

 Attention ! Dans une histoire, différentes expressions peuvent désigner un personnage. Observe les mots en couleur dans le texte : les bleus désignent l'Espagnole ; les verts, la Pékinoise.

L'Espagnole et la Pékinoise

De qui s'agit-il ?
Je m'aide du titre :
Jamais ces deux-là
(l'Espagnole
et la Pékinoise)
ne se rencontraient…
C'est cela !

Jamais ces deux-là ne se rencontraient sans se jeter à la face des injures.

— Pshtt… sifflait la chatte. Je te déteste ! Je te déteste !

— Grrouche ! grondait la petite chienne. T'es laide ! Ôte-toi de mon chemin ! Marche te coucher derrière le poêle !

— Marche te coucher toi-même ! Vieille laide toi-même ! Visage tout plissé !

La Pékinoise envoyait alors une bonne claque à l'Espagnole.
La chatte vacillait sur ses pattes. Elle crachait au visage
de la Pékinoise :

— Fais ça encore une fois et je t'arrache les yeux.

— Essaie donc voir ! Et je t'étrangle net.

Berthe devait les séparer.

— Que c'est donc pas beau ! Que c'est donc pas beau !
Deux animaux vivant dans la même maison et pas capables
de s'entendre une minute.

À Noël, une fois, elle avait essayé de leur faire se donner
la patte en tentative de réconciliation. Jamais elles ne s'étaient
autant griffées et mordu les oreilles.

Pour avoir elle-même la paix, Berthe les envoyait maintenant
chacune de son côté.

— Kinoise ! En arrière du poêle, marche !

On entendait alors l'Espagnole qui répétait,
sur le même ton, entre ses dents, pour se moquer :

— Kinoise ! En arrière du poêle, marche !

Et elle ajoutait, la méchante :

— Je te l'avais dit, hein, que tu irais en arrière du poêle.

Mais elle-même attrapait alors sa punition.

— Toi, l'Espagnole, au grenier, et que j'entende plus un mot !

Tête basse, la Pékinoise enfilait l'étroit passage derrière
le poêle et se moquait à son tour à voix couverte :

— L'Espagnole au grenier ! C'est bien fait pour toi.

Tiré de Gabrielle Roy, *L'Espagnole et la Pékinoise*,
© Fonds Gabrielle Roy, publié par les Éditions du Boréal, 1986, p. 5-8.

La connais-tu ?

Gabrielle Roy est une des plus importantes écrivaines canadiennes. Elle est née au Manitoba en 1909. Avant de se consacrer à l'écriture, elle a été enseignante. De nombreux prix littéraires soulignent la qualité de son œuvre. Elle est décédée au Québec en 1983.

Joue le texte que tu viens de lire pour montrer que tu l'as compris.

• Fais équipe avec quelques camarades. Ensemble, dressez la liste des personnages, distribuez les rôles et jouez-les avec des marionnettes.

Invente, toujours avec tes camarades, une suite à l'histoire.

• Tenez compte de la contrainte suivante : à la fin, les héroïnes seront devenues de grandes amies.

• Votre création terminée, reprenez vos marionnettes et jouez-la devant la classe.

Utilise tes lectures pour enrichir ton vocabulaire. Par exemple, relève les mots du texte qui font penser à la chicane. Profite de tes autres lectures pour te créer d'autres réservoirs de mots du même genre. Pense à les utiliser quand tu écris.

Se mettre les pieds dans les plats… Faire des bêtises… À quels personnages cela te fait-il penser ? **Lis** l'histoire suivante pour découvrir une spécialiste des petites catastrophes.

Attention ! Dans une même phrase, il peut y avoir plus d'un mot substitut !

Les sourcils coupés

Sophie est une petite fille à l'imagination débordante.
Elle vit dans un milieu aisé. C'est la championne des aventures
qui se terminent mal… pour elle !

•

Il y a deux «elle» dans la phrase. J'essaie de les remplacer : On avait dit un jour devant elle (Sophie) que la petite Louise de Berg serait jolie si elle (la petite Louise de Berg) avait des sourcils. C'est cela !

Une autre chose que Sophie désirait beaucoup, c'était d'avoir des sourcils très épais. On avait dit un jour devant <u>elle</u> que la petite Louise de Berg serait jolie si <u>elle</u> avait des sourcils. Sophie en avait peu et ils étaient blonds, de sorte qu'on ne les voyait pas beaucoup. Elle avait entendu dire aussi que, pour faire épaissir les cheveux, il fallait les couper souvent.

Sophie se regarda un jour à la glace, et trouva que ses sourcils étaient trop maigres.

«Puisque, dit-elle, les cheveux deviennent plus épais quand on les coupe, les sourcils, qui sont de petits cheveux, doivent faire de même. Je vais donc les couper pour qu'ils repoussent très épais.»

Et voilà Sophie qui prend des ciseaux et qui coupe ses sourcils aussi court que possible. Elle se regarde dans la glace, trouve que cela lui fait une figure toute drôle, et n'ose pas rentrer au salon.

«J'attendrai, dit-elle, que le dîner soit servi ; on ne pensera pas à me regarder pendant qu'on se mettra à table.»

Mais sa maman, ne la voyant pas venir, envoya le cousin Paul pour la chercher.

«Sophie, Sophie, es-tu là? s'écria Paul en entrant. Que fais-tu? viens dîner.

— Oui, oui, j'y vais», répondit Sophie en marchant à reculons pour que Paul ne vît pas ses sourcils coupés.

Sophie pousse la porte et entre.

À peine a-t-elle mis les pieds dans le salon, que tout le monde la regarde et éclate de rire.

«Quelle figure! dit M. de Réan.

— Elle a coupé ses sourcils, dit Mme de Réan.

— Qu'elle est drôle! qu'elle est drôle! dit Paul. [...]»

Sophie restait les bras pendants, la tête baissée, ne sachant où se cacher. Aussi fut-elle presque contente quand sa maman lui dit:

«Allez-vous-en dans votre chambre, mademoiselle, vous ne faites que des sottises. [...]»

Sophie s'en alla; sa bonne se mit à rire à son tour quand elle vit cette grosse figure toute rouge et sans sourcils. Sophie eut beau se fâcher, toutes les personnes qui la voyaient riaient aux éclats et lui conseillaient de dessiner avec du charbon la place de ses sourcils.

Un jour, Paul lui apporta un tout petit paquet bien ficelé, bien cacheté.

«Voici, Sophie, un présent que t'envoie papa, dit Paul d'un petit air malicieux.

— Qu'est-ce que c'est?» dit Sophie, en prenant le paquet avec empressement.

Le paquet fut ouvert: il contenait deux énormes sourcils bien noirs, bien épais. «C'est pour que tu les colles à la place où il n'y en a plus», dit Paul. Sophie rougit, se fâcha et les jeta au nez de Paul, qui s'enfuit en riant.

Ses sourcils furent plus de six mois à repousser, et ils ne revinrent jamais aussi épais que le désirait Sophie; aussi depuis ce temps Sophie ne chercha plus à se faire de beaux sourcils.

Tiré de Comtesse de Ségur,
Les malheurs de Sophie, chapitre VIII.

La connais-tu?

La comtesse de Ségur fut une petite fille turbulente et souvent punie par ses parents. D'ailleurs, pour écrire *Les malheurs de Sophie*, elle s'est inspirée de son enfance. La comtesse s'appelait en fait Sophie Rostopchine. Elle est née en Russie en 1799. Elle est morte à Paris, en 1874.

Fais le tour de l'histoire pour t'assurer que tu l'as comprise.

Réfléchis à Sophie et à ses problèmes.
- Que penses-tu de ce personnage?
- Qui cause les problèmes qu'elle vit?
- Pourquoi n'arrive-t-elle pas à les résoudre?

Donne ton opinion sur l'histoire.
- Qu'est-ce que tu as le plus et le moins aimé dans cette histoire? Justifie tes choix et discutes-en avec quelques camarades.

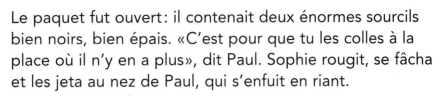

créativIdées

Imagine d'autres bêtises sans graves conséquences que pourrait faire un enfant de quatre à cinq ans laissé sans surveillance. Note tes idées. Tu pourras t'en inspirer pour tes propres histoires.

Dans quelles histoires lues, vues ou entendues as-tu rencontré des personnages qui s'opposent ? **Lis** l'histoire suivante et compare le point de vue de deux personnages.

En lisant, fais le plus de liens possible entre les phrases. Au fil de ta lecture, trouve ce que remplace chaque mot substitut souligné. ✎ 📁

L'ÉTRANGE MALADIE D'AFFREUZÉE RABOUGRIE

Claire a vraiment été insupportable ce matin. En rentrant à la maison, elle a même refusé de saluer la voisine. Alors Maman s'est fâchée tout rouge :

— J'en ai assez ! Tu es vraiment malpolie ! Tu pourrais faire un effort, tout de même…

Le soir même, en bas des escaliers, Claire rencontre Affreuzée Rabougrie, la voisine du troisième étage, qui porte deux cabas tout noirs. Elle se souvient de ce que sa maman lui a dit et elle s'avance :

— Bonjour, madame ! Attendez, je vais vous tenir la porte.

À ce moment-là, la voisine se met à tousser, tousser, et ses mains se couvrent de petits boutons rouges… Claire la regarde, étonnée :

— Vous avez l'air très malade, madame ! J'espère que vous allez vite guérir !

La voisine devient toute blanche. Elle file jusqu'à son appartement en toussant et en se grattant. Elle referme la porte derrière elle et se met dans une colère terrible :

— Cette petite fille est épouvantable ! Elle me rend malade avec ses gentillesses ! Nom d'un crapaud empaillé !

Aussitôt, elle décide de se rendre chez le docteur Maléfice.
Elle lui explique :

— J'habite dans le même immeuble qu'une petite fille affreusement gentille. Elle me rend malade et tous mes pouvoirs disparaissent !

Le docteur Maléfice réfléchit puis il lui donne un flacon et une ordonnance...

Le lendemain, Affreuzée Rabougrie rôde dans les escaliers à l'heure où Claire rentre de l'école. Quand Claire apparaît, la sorcière lui demande :

— Je suis trop chargée, peux-tu m'aider à monter un de mes sacs ?

— Bien sûr, madame...

Claire monte les escaliers, tandis que la sorcière n'arrête pas de tousser. Elle pose le sac dans la cuisine de la sorcière.

— Reste, ma petite, dit Affreuzée, je vais te faire un bon goûter...

Et clic, clac ! elle ferme la porte à clé.

Claire sursaute :

— Pourquoi fermez-vous la porte à clé ?

— Hi, hi, hi ! ricane la sorcière.

— Merci, madame, pour votre gentille invitation, mais ma maman va s'inquiéter, poursuit Claire.

La sorcière se met alors à tousser et se couvre de boutons.

— Ne dis plus de choses comme ça, imbécile ! Ça me rend malade !

Elle sort le flacon que lui a donné le docteur Maléfice et lit l'ordonnance :

«Attendre minuit, puis lire la formule magique. Toute la gentillesse de Claire s'enfermera dans ce flacon. Boire le contenu du flacon pour rester méchante à tout jamais !»

La sorcière ricane :

— Bien sûr, il n'y aura plus aucune gentillesse en toi, et nous pourrons devenir de grandes amies…

Claire devient toute rouge :

— Non ! Jamais je ne serai votre amie !

Elle sent les larmes lui monter aux yeux.

Mais soudain, Claire a une idée : elle se tourne vers la sorcière et commence à lui dire gentiment :

— Vous êtes si jolie et si patiente…

Affreuzée Rabougrie sursaute, et son visage se couvre instantanément de boutons. Claire continue :

— Vous êtes si tendre et amusante…

La sorcière a les pieds glacés, la tête brûlante, et elle regarde Claire avec des yeux terribles. Mais <u>elle</u> est devenue énorme et ne peut plus bouger. Claire respire un grand coup et plonge sa main dans la grande poche noire de la sorcière. Elle attrape la clé, ouvre la porte et crie :

— Je vous aime tellement que je voudrais que vous soyez… ma maman !

Puis elle claque la porte. Elle entend alors un énorme BANG ! qui résonne dans tout l'immeuble.

Depuis ce jour, personne n'a jamais revu Affreuzée Rabougrie. Si vous voulez savoir ce qu'elle est devenue, demandez-le à Claire : elle a gardé la clé…

Texte d'Arnaud Alméras,
tiré de *Les plus beaux contes de Toboggan*,
Paris, Éditions Milan, © 1999, p. 44-49.

Compare ce que vivent Claire et la sorcière.

- Fais le tour de l'histoire du point de vue de Claire.
- Refais le tour de l'histoire du point de vue de la sorcière.

Donne ton opinion sur cette histoire.

- D'après toi, quelle est sa principale qualité ?
- Si tu pouvais y changer quelque chose, qu'est-ce que ce serait ?

créativIdées

Trouve des idées d'histoires pleines de rebondissements et note-les. Comme dans l'histoire ci-dessus, imagine deux personnages qui s'opposent.

EXEMPLE : *Jérémie sonne chez son voisin pour lui emprunter son dictionnaire. Jérémie ignore que c'est un ogre, et que cet ogre n'a pas encore dîné…*

Chantier d'écriture

Une histoire inventée

Voyage au pays de ton imaginaire. **Écris** une histoire et partage-la avec tes lecteurs.

> J'écris une histoire pour les enfants à l'hôpital.

> Avec mon histoire, je ferai un livre !

> J'ai des idées d'histoires plein la tête ! Je participe à un concours.

Analyse la situation.

Réfléchis à ton histoire et à ta manière de travailler.
- Pour qui l'écris-tu ? Dans quel but ?
- L'écriras-tu sur papier ou à l'ordinateur ?

Prépare le terrain.

Rappelle-toi ce que tu sais à propos des histoires en général.
- Comment les reconnais-tu dans un livre ?
- As-tu déjà écrit une histoire ? Si oui, comment as-tu fait ?

Donne-toi des idées pour inventer ton histoire.

JEU

- Choisis un élément dans chaque colonne de la *Boîte à idées* présentée à la page suivante.
  Ex. : Une fourmi, un miroir magique, sous le lit.
- Imagine un lien possible entre le personnage et l'objet.
  Ex. : La fourmi **trouve** un miroir magique.
- Situe ton personnage et l'objet dans le lieu que tu as choisi.
  Ex. : La fourmi trouve un miroir magique sous son lit.
- À partir de ces éléments, construis ton histoire.

Boîte à idées

UN PERSONNAGE PRINCIPAL	UN OBJET	UN LIEU
• une fillette	• une balle	• à la bibliothèque
• un pompier	• une valise	• au cinéma
• une vétérinaire	• un billet de loterie	• au parc
• un garçon	• une trottinette	• chez la dentiste
• une théière	• un baladeur	• chez le coiffeur
• une auto	• un livre	• à l'épicerie
• une fée	• des clés	• à la patinoire
• un dragon	• un miroir magique	• à l'école
• une araignée	• une baguette	• au musée
• une girafe	• un coffre	• dans la forêt
• une boule de neige	• un message codé	• sous le lit
• un crapaud	• un balai	• dans la cour
• une fourmi	• une bicyclette	• au château
• …	• …	• …

Planifie ton histoire comme dans l'exemple qui suit.

Pour t'aider à planifier le contenu de ton histoire, remplis une fiche comme «Le tour de mon histoire».

Le tour de mon histoire

LE DÉBUT	• Que fait mon personnage principal au début?
	– Lola la Fourmi cherche une de ses chaussures sous son lit.
	– Elle trouve un miroir. Pour rire, elle lui demande: «Miroir, qui est la plus belle?»
LE PROBLÈME	• Qu'arrive-t-il de surprenant?
	– Le miroir se met à rire de Lola! Il est magique!
LES ÉPISODES	**Premier épisode**
	• Que fait le personnage principal pour régler son problème?
	– Lola jette le miroir par terre pour qu'il cesse de rire d'elle.
	• Est-ce que cela fonctionne?
	– Non, le miroir rit encore plus fort.
	Deuxième épisode
	• Qu'arrive-t-il de nouveau dans l'histoire?
	– Lola se regarde dans le miroir.
	– Elle voit sa chaussure accrochée à une de ses antennes.
	– Elle décroche la chaussure.
	• Est-ce que cela règle le problème?
	– Oui.
LE DÉNOUEMENT	• Comment cela le règle-t-il?
	– Le miroir cesse de rire.
LA FIN	• Comment se termine l'histoire?
	– Le miroir dit à Lola: «Là, tu es la plus jolie!»
	– Lola serre le miroir sur son cœur.

Choisis la manière de raconter ton histoire. PAGE 4

Écris ton histoire comme tu penses qu'elle doit être.

Écris ton premier jet.

En cours de route, pense à consulter ton plan.

Au fil de ton écriture, relis ce que tu as écrit pour enchaîner la suite.

Teste ton histoire.

Fais lire ton premier jet à une ou à plusieurs personnes.
- Écoute les commentaires et tiens compte des meilleurs.

Pour commenter une histoire

Indique un ou deux points forts et un ou deux points à améliorer dans l'histoire.

- Comment trouves-tu **le personnage principal**? Que ferais-tu pour le rendre plus intéressant?
- **Le problème**, qu'en penses-tu? Que ferais-tu pour le rendre plus original?
- **Les épisodes** ont-ils un rapport avec le problème?
- **La fin** offre-t-elle une suite logique à l'histoire?
- As-tu compris **l'histoire** au complet, du début à la fin? Si tu as du mal à saisir certains passages, dis-le. Si tu penses qu'il manque quelque chose à l'histoire, parles-en.

Apprends du nouveau sur les histoires. PAGE 6

QUOI! MON HISTOIRE NE TIENT PAS DEBOUT?

Remplis ta *Fiche de récriture d'une histoire* pour retenir ce que tu as appris.

Récris ton texte.

Récris ton histoire pour l'améliorer.
- Consulte ta *Fiche de récriture d'une histoire*.

Fais lire ton histoire améliorée à une ou à plusieurs personnes.
- Apporte les dernières modifications à ton texte.

MON PREMIER CHEF-D'ŒUVRE !

Termine ton texte.

Corrige ton histoire à l'aide de ta *Fiche de correction*.

Transcris ton histoire au propre ou imprime-la.

Ajoutes-y des illustrations.

Diffuse ton histoire, mais gardes-en une copie.

 Fais le point sur l'utilité d'une fiche comme «Le tour de mon histoire» pour planifier et écrire un texte.

Fais aussi le point sur l'utilité de relire ce qui est écrit pour enchaîner la suite.

Évalue la démarche suivie pour écrire une histoire.

Garde des traces des étapes de ton travail. Avant de composer ta prochaine histoire, pense à les consulter !

Pourquoi un gros bateau flotte-t-il alors qu'une toute petite vis coule ? Y a-t-il de l'air dans un tiroir ? Ton environnement t'importe-t-il ? Transforme-toi en scientifique pour découvrir les grands secrets de l'air et de l'eau.

Jean-Paul Lapointe, «Club de yatch de Chicoutimi».

8 Air et eau

Que sais-tu sur l'air ? sur l'eau ? Dans le module AIR ET EAU,
tu répondras à plusieurs questions sur l'air et sur l'eau et
tu résoudras certains problèmes liés à ces deux éléments.
Pour y arriver, tu devras organiser efficacement des expériences.
Tu développeras aussi tes connaissances sur les mots substituts
et tu écriras un texte informatif.

Réagis à la carte d'exploration ci-dessous et **active** tes idées.
• Quelles questions te poses-tu sur l'air ? sur l'eau ?

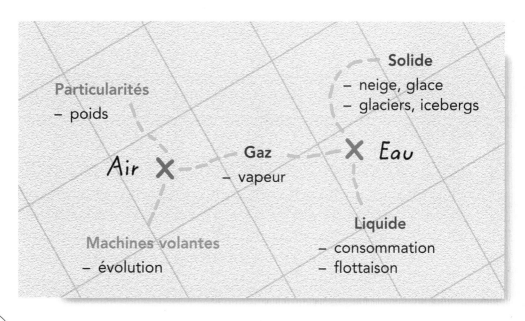

Particularités
– poids

Air **X**

Gaz
– vapeur

X Eau

Solide
– neige, glace
– glaciers, icebergs

Liquide
– consommation
– flottaison

Machines volantes
– évolution

JE VIS
D'AIR PUR ET D'EAU
FRAÎCHE...

Planifie un projet pour mieux connaître l'air ou l'eau.
Réalise-le et **présente**-le.

___ PISTES ET IDÉES ___

• Fabriquer un objet qui fonctionne à l'air.
• Fabriquer un jouet ou un bateau qui peut supporter une certaine
  charge sur l'eau.
• Faire vivre des expériences pour faire découvrir des propriétés
  de l'air et de l'eau.

151

Imagine une belle princesse. Comment peut-elle trouver son prince charmant ? Pour sa part, la princesse Héloïse compte sur un changement d'état… Lis l'histoire ci-dessous pour découvrir sa méthode.

 Attention ! Comme mots substituts, on utilise parfois des « mots englobants ». PAGE 215 (B)
Observe les mots englobants soulignés dans le texte.

Relis la stratégie de la page 134.

Princesse Héloïse cherche Prince charmant

PARTIE 1

Il y a de cela un bout de temps vivait une princesse appelée Héloïse. N'ayant jamais eu de prétendant, elle prit la décision de se trouver elle-même un prince charmant. Héloïse eut la curieuse idée de capturer tous les crapauds du pays pour les embrasser à tour de rôle. Elle espérait que l'un d'eux se changerait en un ami dévoué et, ô combien ! désiré. [...]

Tous les crapauds du royaume se trouvèrent emprisonnés dans la chambre de la pauvre princesse. Héloïse devait garder son projet secret, car son père, le roi, lui avait toujours refusé la garde d'un animal à la maison. [...]

Elle prit soin de mettre du rouge sur ses lèvres. Beaucoup de rouge, pour laisser des empreintes bien en vue sur les crapauds. De cette façon, elle allait éviter d'embrasser toujours les mêmes bêtes. Convaincue qu'elle n'aurait pas à attendre longtemps avant de découvrir son prince, Héloïse prit son courage et un crapaud à deux mains, et commença le curieux manège.

Inutile de décrire la consternation des crapauds devant cette soudaine affection [...].

Amphibiens ?
Les crapauds sont-ils une sorte d'amphibiens ? J'essaie : Après avoir embrassé un premier lot de 37 amphibiens (de 37 crapauds)… C'est logique.

Après avoir embrassé un premier lot de 37 amphibiens, elle remarqua un comportement étrange de la part du dernier crapaud touché par ses lèvres. Une lumière envahit toute la pièce et, dans un nuage de fumée, une magnifique princesse apparut !

— Il était temps ! s'exclama-t-elle. J'en avais marre de cette vie d'étang. Je suis une princesse, pas une rainette.

Puis, Héloïse jeta un regard sur les 236 autres crapauds en se demandant où cette folle aventure la mènerait. Néanmoins, elle poursuivit sans relâche ses embrassades.

Le 66ᵉ crapaud réagit à son tour. Héloïse imagina un instant qu'il se changerait en Sir Lancelot du Lac. À son grand étonnement, le crapaud se transforma en tondeuse à gazon électrique.

« C'est pratique, pensa-t-elle. On n'aura plus besoin de laisser les chèvres sur la pelouse. »

L'animal… Le crapaud est une sorte d'animal. J'essaie : L'animal (le crapaud) fit un bond… C'est logique.

Au 100ᵉ, elle crut cette fois que ce serait le bon. L'animal fit un bond en arrière, ouvrit grand les yeux et se gonfla aussi gros qu'un bœuf. Mais il fit un rot et retrouva son allure habituelle.

Des dizaines de crapauds prirent différentes formes, plus inattendues les unes que les autres. Après deux cents baisers, Héloïse avait du mal à dénicher les crapauds sans rouge à lèvres.

— Bon, je crois que je les ai tous embrassés, et je n'ai toujours pas de prince, disait-elle, triste et déçue.

Cette nuit-là, un des crapauds, très observateur et plus habile que les autres, remarqua que la porte était restée légèrement entrouverte. Pour satisfaire sa curiosité, il sortit pour jeter un coup d'œil, accompagné de quelques copains.

Au matin, tout le château était envahi.

Donne ton opinion sur ce que tu as lu jusqu'à présent.

- Que trouves-tu de drôle ou de surprenant ? Qu'est-ce qui te plaît moins ? Pourquoi ?
- Quelle est la méthode d'Héloïse pour se trouver un prince charmant ? Qu'en penses-tu ?

Fais des prédictions sur la suite de l'histoire.

- Comment penses-tu qu'Héloïse continuera sa recherche ?
- Comment le roi réagira-t-il à la présence des crapauds dans son château ?

Réveillée par toute cette agitation, Héloïse eut tout juste
le temps d'apercevoir le dernier crapaud sortir de sa chambre.
Ô stupéfaction ! ce crapaud était différent. Il n'avait pas de traces
de rouge à lèvres. [...] Quand elle attrapa enfin le fameux crapaud,
elle le ramena aussitôt dans sa chambre.

La princesse ferma la porte et reprit son souffle. Nos deux
comparses se regardaient depuis un bon moment, puis, avec
tendresse, elle l'embrassa.

Une bourrasque balaya la pièce. Un jet luminescent sortit
du plancher pour en rejoindre un autre qui descendait du plafond.
Entre les deux, le crapaud se transformait.

Héloïse était certaine qu'elle avait enfin réussi. La lumière
disparaissait trop lentement. Elle n'y tenait plus, elle avait
tellement hâte de le voir.

Avec beaucoup de prestance, un prince se tenait debout devant
elle. Il dégageait un parfum de printemps plein de promesses
et d'aventures. Il portait de beaux vêtements brodés et un polo.
À ses pieds, des couvre-chaussures en caoutchouc. Sa main
s'appuyait avec fierté sur une épée en acier trempé inoxydable
dans un fourreau en peau de libellule. Mais il avait toujours...
une tête de crapaud.

Héloïse était découragée, désemparée, démoralisée,
désenchantée, dégoûtée [...].

En pyjama, le roi avait, d'un bond, escaladé les escaliers menant
à la chambre de sa fille. En voyant le regard royal de son père,
le princesse pâlit sous sa couronne.

— MAIS QU'EST-CE QUI SE PASSE ICI ? cria le roi. Le château
est devenu une mare à <u>batraciens</u>. On nage en plein délire.
Tu n'y serais pas pour quelque chose, ma fille ?

Batraciens ?
Les crapauds sont-ils
une sorte de batraciens ?
J'essaie : Le château
est devenu une mare
à batraciens (à crapauds).
C'est logique.

— Eh bien voilà, papa-roi, murmura la princesse. J'ai eu envie
d'avoir un peu de compagnie. Je me sens tellement seule ici.

— Mais Héloïse, sois raisonnable ! Un petit chat ne pourrait-il pas
satisfaire tes caprices ?

Cette question ne tomba pas dans l'oreille d'une sourde. Héloïse sauta sur l'occasion et réussit à convaincre son père de la conduire immédiatement à l'animalerie du village.

Il y avait des dizaines de minets. Toutefois, la princesse arrêta son choix sur un chaton blanc aux yeux bleus. Il était si joli.

Au comptoir-caisse, Héloïse se sentit mal tout à coup. Elle venait de voir le jeune vendeur. D'ailleurs, lui aussi avait ressenti la même sensation.

Le roi comprenait bien ce qui se passait. En se frottant les mains, il dit tout bas :

— Finalement, ce chat est une très bonne affaire !

Daniel Laverdure, *Princesse Héloïse cherche Prince charmant*, Montréal, Éd. Pierre Tisseyre, 1990, p. 6-22. (coll. Coccinelle)

Fais le tour de l'histoire de la princesse Héloïse.

- Comment feras-tu pour réaliser cette tâche efficacement ?

Invente une autre fin à cette histoire.

Rappelle-toi les autres histoires de princesse et de crapaud que tu connais.

- Qu'est-ce qui fait l'originalité de l'histoire d'Héloïse ?
- Est-ce que le changement de crapaud en prince peut se réaliser pour vrai ? Quels changements peux-tu observer dans la nature ?

créativIdées

Une sorcière débutante s'entraîne à changer des princes en crapauds. Malheureusement, sa formule magique n'est pas tout à fait au point et les transformations ne sont pas toutes réussies… Imagines-en quelques-unes.

Où et comment naissent les icebergs ? Fondent-ils un jour ? Quelle est la qualité de l'eau qu'ils contiennent ? Pour le savoir, lis le texte ci-dessous. Mais avant, remplis un guide de prédiction.

 Fais le plus de liens possible entre les phrases. Au fil de ta lecture, trouve ce que remplace chaque mot ou groupe de mots souligné.

DE LA NEIGE À L'ICEBERG

À l'origine des glaciers et des icebergs, il y a de la neige. Beaucoup de neige. Découvre comment elle se transforme au fil du temps.

Pas de glaciers… pas d'icebergs !

Tous les icebergs proviennent des glaciers recouvrant les pôles. Ces glaciers se forment au cours des siècles par l'accumulation de neige. Chaque nouvelle couche de neige écrase la vieille. Celle-ci fond et finit par se transformer en glace. Peu à peu, cette glace s'épaissit, s'allonge et devient glacier. Entraîné par son propre poids, le glacier glisse jusqu'à la mer et se brise en blocs qu'on appelle *icebergs*.

Icebergs du pôle Sud

Les plus grands icebergs naissent des glaciers de l'Antarctique. Avant de se briser, ces glaciers avancent très loin dans la mer en formant des plaques flottantes. Exposées aux éléments (marées, vagues, vents, soleil, etc.), ces immenses plaques finissent par se détacher. On les appelle alors *icebergs tabulaires*. Leur taille varie de 1 à 8 km de long en moyenne.

Connais-tu l'expression suivante ?

Ce n'est que la pointe de l'iceberg… Cela veut dire que l'essentiel d'une affaire (tout comme la plus grande partie de l'iceberg) demeure caché.

Icebergs du pôle Nord

Les icebergs de l'Arctique sont des blocs de glace qui se détachent des glaciers. En tombant dans la mer, ils se brisent en morceaux de formes variées. La partie visible de ces icebergs mesure en moyenne 25 m de haut sur 20 m de long. Attention ! Seulement une petite partie (environ $\frac{1}{8}$) de l'iceberg sort de l'eau.

La partie cachée des icebergs représente un grand danger pour la navigation maritime.

Au revoir, icebergs !

Les courants marins et les vents font dériver les icebergs vers des eaux plus chaudes. En conséquence, ces morceaux de glaciers finissent par fondre.

L'eau des icebergs est très pure. Si on faisait fondre certains gros icebergs, on pourrait alimenter des pays entiers en eau potable ! Malheureusement, on n'a pas encore réussi à transporter ces mastodontes de glace.

Vérifie tes prédictions.

- Remplis de nouveau le guide de prédiction. Au besoin, réfère-toi au texte.
- Compare les choix que tu as faits avant et après la lecture.
- Dis ce que tu savais déjà et ce que tu as appris.

Laboratoire

Pense à gérer
ton temps.

Changer d'état

Fais des expériences qui te permettront de résoudre les problèmes de ce laboratoire. En véritable scientifique, observe des phénomènes et note tes observations.

Quelle est la température de la glace qui fond ?
Combien de temps un glaçon met-il à fondre ?

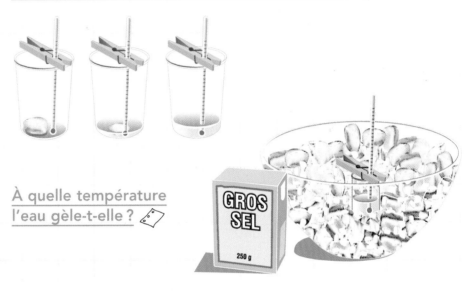

À quelle température l'eau gèle-t-elle ?

Que faut-il faire pour qu'un glaçon fonde le plus rapidement possible ?

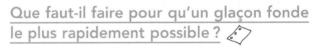

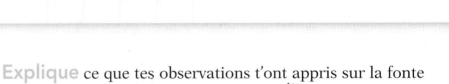

Explique ce que tes observations t'ont appris sur la fonte de la glace et la solidification de l'eau.

Élargis tes connaissances en répondant aux questions suivantes :

- Quels autres solides peuvent fondre ? Quels autres liquides peuvent se solidifier ?

- Quels dégâts le gel peut-il causer ?

Explique l'utilité du thermomètre dans ces expériences et dans ta vie.

Qu'est-ce qui a causé la plus grande catastrophe maritime de l'histoire ? Pour le savoir, **lis** le texte ci-dessous.

 Repère les mots et les expressions du texte qui désignent le Titanic.

L'aventure du Titanic

Le mercredi 10 avril 1912, le *Titanic* quitte l'Angleterre en direction de New York. C'est le premier voyage de ce majestueux paquebot, alors le plus grand et le plus beau du monde.

TITANIC VIENT DE TITAN QUI VEUT DIRE «GÉANT».

Le *Titanic* mesurait 269 m de long et 28 m de large. Ce colosse des mers pesait 46 000 tonnes. On estime qu'il y avait à bord 1316 passagers et 885 membres d'équipage. Environ 1500 personnes ont péri la nuit du naufrage.

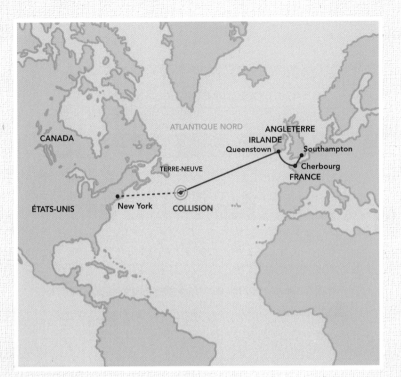

Un itinéraire risqué

Pour réussir la plus rapide traversée de l'Atlantique Nord, le *Titanic* emprunte un itinéraire parsemé d'icebergs à la dérive. C'est risqué, mais le fameux navire a la réputation d'être insubmersible, c'est-à-dire impossible à couler.

Une belle nuit claire

La nuit du 14 au 15 avril est claire et la mer calme. De nombreux messages radio signalent la présence d'icebergs, mais les officiers du *Titanic* croient pouvoir les apercevoir à temps. Malheureusement, les vigies n'ont pas de jumelles… Quand elles voient un grand iceberg se dresser devant le *Titanic*, il est trop tard pour virer.

Un titan de glace

À 23 h 40, ce 14 avril, le paquebot heurte un iceberg de plus de 40 m de haut. Les dommages sont terribles : sous l'impact, les plaques d'acier de la coque se tordent. Plus de 3500 litres d'eau par seconde pénètrent dans le navire. Peu après la collision, il se brise en deux et sombre à 725 km au large de Terre-Neuve.

Réfléchis au texte que tu viens de lire.

- Penses-tu que le naufrage du *Titanic* aurait pu être évité ? Pourquoi ?
- D'après toi, quel type d'iceberg le *Titanic* a-t-il heurté ? Explique ta réponse. Si nécessaire, relis le texte du chantier 2.

Ça flotte ou ça coule

Fais des expériences qui te permettront de découvrir pourquoi certains objets flottent et d'autres pas. Est-ce à cause de leur masse ? de leur forme ? de leurs matériaux ? de leur taille ? d'une autre propriété ? À toi de le découvrir !

Parmi les objets suivants, lesquels flottent ? lesquels coulent ?

> Planifie le matériel nécessaire et prévois une façon de mener tes expériences.

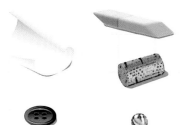

Comment peut-on faire flotter un objet qui coule ?

Comment peut-on faire couler un objet qui flotte ?

À l'aide de pâte à modeler ou de papier d'aluminium, construis un objet flottant qui supporte la plus grande charge possible.

> **Le savais-tu ?**
>
> En entrant dans son bain, le savant grec Archimède remarqua que le niveau de l'eau montait. Il venait de comprendre le principe de la flottaison.
>
> Cela se passait il y a plus de deux mille ans…

> VOYONS SI ARCHIMÈDE AVAIT RAISON…

Présente tes résultats.

Décris ce qui agit sur la flottaison des objets.

- Quelle forme flotte le mieux ? le moins bien ?
- Quel matériau semble flotter le mieux ? Quel matériau semble le plus difficile à faire flotter ?

Analyse ta démarche : explique ce que tu ferais différemment si tu avais à reprendre ce laboratoire.

Qu'est-ce qu'il y a dans l'air ? Où y a-t-il de l'air ? Qu'arrive-t-il aux flaques d'eau après quelques jours sans pluie ? Où va l'eau ? Pour le savoir, lis le texte. Mais avant, remplis un guide de prédiction.

Fais le plus de liens possible entre les phrases. Trouve ce que remplacent les mots et les expressions soulignés dans les textes des chantiers 4 et 5.

Pleins gaz !

Invisibles, les gaz sont pourtant partout présents et fort utiles.

Tu respires des gaz !

L'air que tu inspires est un mélange de plusieurs gaz : vapeur d'eau, azote, oxygène et autres gaz plus rares. L'air contient aussi des particules de sel et des poussières.

Impossible d'y échapper !

L'air remplit le moindre espace libre. En gros, disons que les gaz qui constituent l'atmosphère de la Terre t'entourent. Pour tout dire, tu vis dans les gaz comme les poissons vivent dans l'eau.

Avec la lumière du soleil, les plantes vertes fabriquent de l'oxygène !

INVISIBLES, PEUT-ÊTRE, MAIS PAS TOUS INODORES...

PROUT!

Un gaz... de vie !

Pour vivre, tous les êtres vivants ont besoin de l'oxygène qu'ils trouvent dans l'air (ou dans l'eau, dans le cas des poissons). Sans ce précieux gaz, tu ne survivrais que quelques minutes.

Depuis ta naissance, chacune de tes inspirations amène de l'oxygène dans ton corps, tandis que chaque expiration expulse du dioxyde de carbone, un autre gaz. Il y a aussi les gaz formés dans ton estomac et tes intestins pendant la digestion. Ces gaz sortent parfois de ton corps en faisant du bruit. Ce sont les flatulences...

Des gaz apprivoisés

Autour de toi, plusieurs objets contiennent un gaz ou en utilisent un pour fonctionner. Certains ballons d'anniversaire sont gonflés à l'hélium. Les ampoules et les néons sont remplis de gaz. Certaines cuisinières fonctionnent au gaz naturel et plusieurs barbecues, au gaz propane. Les réfrigérateurs, les congélateurs et les climatiseurs fonctionnent grâce à un gaz réfrigérant. Comme tu vois, sans les gaz, la vie serait bien différente !

Vérifie tes prédictions.

> Pense
> au matériel nécessaire.
> Dresses-en la liste.

Laboratoire

L'air de rien...

Fais des expériences qui te permettront de résoudre les problèmes de ce laboratoire.

Est-ce que l'air a un «poids» ?

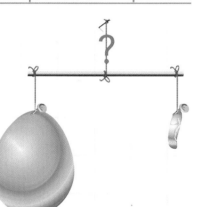

Est-ce qu'il y a de l'air partout ?

À quelle vitesse peux-tu faire évaporer une flaque d'eau de cinq gouttes ?

Que peux-tu faire pour accélérer son évaporation ?

Explique ce que tu as découvert sur l'évaporation et sur l'air.

Imagine d'autres façons de résoudre les problèmes de ce laboratoire.

Élargis tes connaissances.

• À ton avis, que veut dire l'expression *aliment emballé sous vide* ?

Quand et comment les humains ont-ils commencé à voler ? Comment les « machines volantes » ont-elles évolué au fil des siècles ? Pour le savoir, lis le texte ci-dessous.

VOLER : du rêve à la réalité

Le premier avion a décollé il y a une centaine d'années. Avant, il y a eu d'autres machines volantes. Depuis, d'incroyables progrès ont été accomplis.

Machines volantes

Au 16e siècle, Léonard de Vinci dessine les plans de plusieurs machines volantes. Comme les oiseaux, ses machines ont des ailes battantes. Cependant, ces ailes doivent être actionnées par la force humaine !

Léonard de Vinci, grand artiste et inventeur italien, a vécu de 1452 à 1519. Son œuvre la plus célèbre est *La Joconde*. Ce portrait de femme au sourire énigmatique a été peint vers 1503. Il est conservé au musée du Louvre à Paris.

Montgolfières

Au 18e siècle, les frères Montgolfier inventent… la montgolfière, un ballon gonflé à l'air chaud. Plus léger que l'air froid, l'air chaud permet au ballon de s'élever. Cependant, les montgolfières ne peuvent pas être dirigées et vont au gré du vent.

C'est à bord d'une montgolfière que s'est envolé le premier humain, le marquis d'Arlandes. Il a traversé le ciel de Paris en novembre 1783.

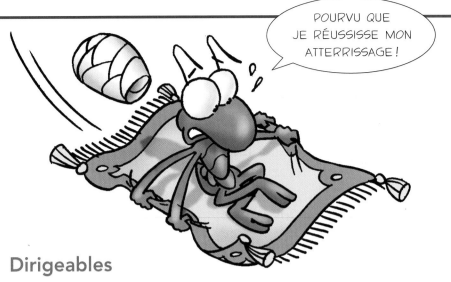

Dirigeables

Après la montgolfière, on cherche à mettre au point un ballon qu'il serait possible de «diriger» à l'aide d'un petit moteur. En 1900, le comte von Zeppelin invente… le zeppelin, un dirigeable à armature rigide. Durant les années 30, des zeppelins plus longs qu'un terrain de football transportent de lourdes charges et des passagers. Ces paquebots volants traversent l'Atlantique en deux ou trois jours. Toutefois, ces voyages sont risqués. D'ailleurs, l'utilisation du dirigeable pour le transport de passagers se termine tragiquement avec l'explosion du *Hindenburg* en 1937. De nos jours, les dirigeables sont remplis d'hélium, un gaz qui ne peut s'enflammer.

Les réservoirs des zeppelins étaient remplis d'hydrogène, un gaz qui s'enflamme facilement.

Premiers avions

En 1890, Clément Ader réussit à voler à quelques centimètres du sol. Son avion est équipé d'un lourd moteur à vapeur.

Le 7 décembre 1903, les Américains Orville et Wilbur Wright font voler leur *Flyer*. Propulsé par un léger moteur à essence et deux hélices, l'aéroplane effectue un vol de 12 secondes. Il parcourt 37 mètres à deux mètres d'altitude. Cet exploit marque le début de l'aviation moderne.

Le 7 décembre 1903, le *Flyer* décolle trois fois dans le ciel de la Caroline du Nord. Son vol le plus long dure 59 secondes.

Avions de ligne

À la fin des années 30, l'aviation connaît un nouvel essor grâce au moteur à réaction. En 1949, le premier avion de ligne à réacteurs est mis en service: le *De Havilland Comet*. En 1969 arrive *Le Concorde*, premier avion de ligne volant à une vitesse supersonique (supérieure à la vitesse du son). Il a une vitesse de croisière de 2150 km/h et demeure, à ce jour, l'avion de ligne le plus rapide. Le *Boeing 747* transporte ses premiers passagers en 1970. Aujourd'hui, le *Boeing 747-400* transporte plus de 400 passagers à une vitesse de croisière de 920 km/h.

Montre ta compréhension. Situe chaque étape du progrès de l'aviation sur une ligne du temps.

Élargis tes connaissances en ajoutant sur ta ligne du temps, quelques renseignements supplémentaires sur les machines volantes.

Évalue tes manières d'apprendre.

Que sais-tu des réserves d'eau de la planète ? Que penses-tu de ta consommation d'eau ? Est-elle raisonnable ou exagérée ? Lis le texte suivant pour en savoir davantage sur la plus précieuse ressource de la Terre.

 Attention ! Un mot substitut peut remplacer une phrase. Observes-en deux exemples dans le texte.

À l'eau !

Sur la Terre, il y a beaucoup d'eau. Mais l'eau douce, essentielle à notre survie, n'est pas répartie également entre les humains. Certains en manquent tandis que d'autres en consomment beaucoup.

● Une ressource abondante

L'eau recouvre près des trois quarts de la Terre. On la trouve dans les cours d'eau, les océans, la neige et la glace. Il y en a aussi sous terre et dans l'air que nous respirons.

● Des apparences trompeuses

Puisqu'il y a tant d'eau sur la Terre, pourquoi craindre d'en manquer ? Parce qu'il y a peu d'eau douce facilement accessible. Presque toute l'eau de la planète est salée, gelée ou enfouie très profondément.

Si on pouvait mettre toute l'eau de la Terre dans trois contenants, voici ce qu'il y aurait dans chacun d'eux.

Seau de 10 litres
L'eau de tous les océans

Canette de jus
L'eau des glaciers

Dé à coudre
L'eau douce des lacs et des rivières

Le savais-tu ?

Au fond des océans, il y a des volcans. La plus grande partie du sel de l'eau des mers et des océans provient de la lave de ces volcans.

● Une ressource vitale

Sans eau, l'être humain ne survit que quelques jours. Pour fonctionner, le corps en a absolument besoin. Les reins, par exemple, utilisent l'eau pour filtrer les impuretés du sang.

Les $\frac{7}{10}$ du corps d'un enfant sont constitués d'eau. Ainsi, un enfant de 30 kg a, dans son corps, un peu plus de 20 kg d'eau.

L'eau que nous buvons doit être potable, c'est-à-dire sans danger pour la santé. Au Canada, l'eau du robinet est habituellement potable parce qu'elle est traitée, analysée. Par contre, dans certaines régions du globe, les gens n'ont pas tous accès à l'eau potable et consomment de l'eau polluée. Cela favorise le développement de maladies graves comme le choléra et la fièvre typhoïde.

Que remplace Cela ? Je relis et je fais un essai : Cela (le fait que les gens n'ont pas tous accès... eau polluée) favorise le développement... C'est logique. Cela remplace la phrase précédente.

● Une répartition inégale

Ici, il suffit d'ouvrir le robinet pour avoir de l'eau potable. Mais ce n'est pas comme cela partout. Dans certains pays, aucune canalisation n'amène l'eau aux maisons. Les gens vont la chercher là où elle se trouve : au puits, à la source, à la rivière, à la pompe, etc. Pour y arriver, il leur faut parfois marcher des kilomètres...

● Des chiffres renversants

Au Canada, la consommation d'eau est de 300 à 400 litres par jour par personne. Cela équivaut à deux baignoires pleines. C'est énorme! Les Européens en consomment deux fois moins. Les Asiatiques et les Africains en utilisent de 10 à 50 fois moins.

Pour les besoins du corps, deux ou trois litres d'eau par jour suffisent. Les Canadiens utilisent le reste pour l'hygiène personnelle, le lavage des vêtements et de la vaisselle, le remplissage des piscines, l'arrosage des pelouses, le lavage des autos… Cela fait réfléchir, non?

Que remplace Cela? Je relis et je fais un essai: Cela (le fait que les Canadiens utilisent le reste pour l'hygiène personnelle…) fait réfléchir, non? C'est logique. Cela remplace la phrase précédente.

Le savais-tu?

Boire: 2 à 3 litres d'eau par jour
Se laver les dents en laissant couler l'eau: 5 à 10 litres d'eau
Tirer la chasse d'eau: 10 à 20 litres d'eau
Prendre une douche: 15 litres d'eau à la minute
Prendre un bain: 150 à 170 litres d'eau
Se laver la figure en laissant couler l'eau: 5 litres d'eau
Laver le linge à la machine: entre 70 et 200 litres d'eau
Laver la vaisselle: entre 40 et 120 litres d'eau
Laisser couler le robinet pendant 3 minutes: 18 litres d'eau

 Fais le point sur l'utilité de la stratégie «trouve ce que remplacent les mots substituts».

Montre ta compréhension du texte.

- Sur la Terre, où y a-t-il de l'eau à l'état liquide? à l'état solide? sous forme de gaz?
- Explique pourquoi l'eau est indispensable aux humains.

Réfléchis à la consommation d'eau.

- Calcule la quantité d'eau qu'utilise ta famille chaque jour.
- Avec quelques camarades, discute de moyens à prendre pour diminuer la consommation d'eau.

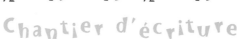

Un texte pour informer

Tu veux rassembler et communiquer des renseignements sur un sujet ? **Écris** un texte informatif.

> Notre équipe doit rédiger un texte sur les ordinateurs.

> J'écris un texte sur l'hélicoptère pour le journal de l'école.

> Mon texte sur les sports nautiques paraîtra sur le site Internet de l'école.

Analyse la situation.

Réfléchis à ton texte informatif et à ta manière de travailler.

- Pour quels lecteurs écris-tu ? Dans quel but ?
- Écriras-tu sur papier ou à l'ordinateur ?
- Combien de temps as-tu pour faire ton travail ?

Prépare le terrain.

Rappelle-toi ce que tu sais à propos des textes informatifs.

- Comment les reconnais-tu dans un livre ?
- As-tu déjà écrit un tel texte ? Si oui, comment as-tu fait ?

Apprends du nouveau sur les textes informatifs. PAGE 20

Organise ta recherche.

- Que sais-tu sur ton sujet ? Que veux-tu savoir ?
- Dresse la liste des questions que tu te poses sur ton sujet.

Prépare un schéma en marguerite pour noter les renseignements que tu trouveras et fais ta recherche.

- Au centre de la marguerite, écris ton sujet. Dans chaque pétale, écris une de tes questions.

Quels sont ses avantages ?
- Vole dans toutes les directions (il peut même reculer !)
- Se déplace verticalement
- N'a pas besoin de piste pour atterrir ou décoller
- Peut rester immobile au-dessus d'un point

Quels sont ses inconvénients ?
- Consomme beaucoup de carburant
- Coûte plus cher que l'avion (achat et entretien)
- Pas aussi vite
- Plus bruyant
- Plus fragile
- Plus difficile à piloter

Pourquoi a-t-il une hélice au bout de la queue ?
- Empêche l'hélicoptère de tourner sur lui-même
- Nom : rotor de queue

L'hélicoptère

À quoi sert-il ?
- Sauvetages (en mer, en montagne)
- Évacuation et transport de blessés
- Entretien de lignes électriques
- Missions de police
- Manipulation de charges lourdes
- ...port pour les activités ...res (plate-forme de forage) ...us-marins

L'hélicoptère

Les avantages de l'hélicoptère sont nombreux, mais ses inconvénients aussi !
Malgré tout, c'est une machine irremplaçable dans plusieurs situations.

Quels sont ses avantages ?
L'hélicoptère est un appareil extraordinaire. Il est capable de se déplacer dans toutes les directions. Il peut même reculer ! Il peut rester immobile au-dessus d'un point et n'a pas besoin de piste pour atterrir ou décoller.

Quels sont ses inconvénients ?
Par rapport à l'avion, l'hélicoptère coûte cher. Il est aussi moins rapide, plus bruyant, plus fragile et plus difficile à piloter.

Pourquoi a-t-il une hélice au bout de la queue ?
C'est pour empêcher l'hélicoptè...
se nomme...

Trouve et consulte différentes sources de renseignements. Pense aussi à questionner des personnes-ressources.

 Au fur et à mesure que tu trouves des renseignements qui répondent à tes questions, classe-les au bon endroit dans ton schéma.

Planifie ton texte à l'aide de ton schéma en marguerite.
- Relis ton schéma pour y choisir les renseignements les plus pertinents.
- Le centre de ta marguerite correspond au titre de ton texte. Chaque question deviendra un intertitre. Le contenu de chaque pétale fera un paragraphe. Tu ajouteras une introduction.

Écris ton premier jet.

Écris ton texte informatif comme tu penses qu'il doit être.
- Pense à consulter ton plan. Au fil de ton écriture, relis ce que tu as écrit pour enchaîner la suite.

Regarde comment les autres ont fait.

Compare ton texte informatif à ceux de tes camarades.

Compare-le au texte *L'hélicoptère*. 📝
- Que garderas-tu de ton texte ?
- Que modifieras-tu ?

Remplis ta *Fiche de récriture d'un texte informatif* pour retenir ce que tu as appris. 📝

Récris ton texte.

Récris ton texte pour l'améliorer.
- Consulte ta *Fiche de récriture d'un texte informatif*.

Fais lire ton texte amélioré à une ou à plusieurs personnes.
- Apporte les dernières modifications à ton texte.

COMMENTER UN TEXTE,
ÇA S'APPREND.

Pour commenter un texte informatif

Indique un ou deux points forts et un ou deux points à améliorer.

- **Le titre** indique-t-il de quoi on parle dans le texte ?

- **L'introduction** présente-t-elle le contenu du texte ? Donne-t-elle envie de lire la suite ?

- **Les idées** sont-elles regroupées par aspect ? Est-ce que chaque aspect a son intertitre ?

- **Le texte**, l'as-tu compris du début à la fin ? Si tu as du mal à saisir certains passages, dis-le. Si tu penses qu'il manque quelque chose au texte, parles-en.

Termine ton texte.

Corrige ton texte à l'aide de ta *Fiche de correction.*

Transcris ton texte au propre ou imprime-le.

Ajoutes-y des illustrations.

Diffuse ton texte, mais gardes-en une copie.

 Évalue ta démarche d'écriture.
— Décris tes réussites et tes difficultés.

 Fais le point sur l'utilité de consulter différentes sources de renseignements et de classer les renseignements trouvés dans un schéma.

Fais aussi le point sur l'utilité d'évaluer sa démarche d'écriture.

Garde des traces des étapes de ton travail. Avant d'écrire ton prochain texte informatif, pense à les consulter !

Un message voyage…
Par quel moyen ?
Vite ou pas ? À l'autre
bout de la planète
ou dans le voisinage ?
Peu importe.
Une personne l'a envoyé.
Une autre l'a reçu.
Et la communication
a été établie.
Super !

⑨ Communiquer

Comment donnes-tu de tes nouvelles ? Dans le module
COMMUNIQUER, tu t'intéresseras à différents moyens
de communication dont l'ordinateur. Au fil des chantiers,
tu apprendras à bien communiquer et à utiliser des outils
informatiques. Tu te demanderas si tes stratégies de lecture
sont efficaces et tu écriras un courriel.

Réagis à la carte d'exploration ci-dessous et **active** tes idées.

- Quelles questions te poses-tu sur la communication ?

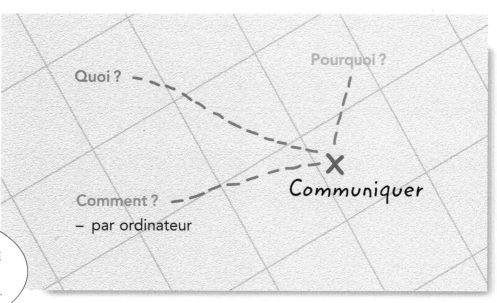

L'ORDINATEUR
OCCUPE UNE GRANDE
PLACE DANS MA VIE.
JE L'UTILISE SOUVENT.
ET TOI ?

Planifie un projet pour communiquer un portrait de toi
à ce point-ci du cycle.

Réalise-le et **présente**-le.

___PISTES ET IDÉES___

- Présenter aux parents les principaux apprentissages réalisés
  à ce jour.
- Faire un journal de classe qui présente des projets vécus,
  des amitiés développées et des moments inoubliables.
- Concevoir un jeu-questionnaire sur les apprentissages réalisés
  jusqu'à maintenant.

Une nouvelle se transmet de bouche à oreille. Que lui arrive-t-il en cours de route ? Pour le savoir, **lis** l'histoire suivante.

Prête une attention particulière aux stratégies de lecture que tu utilises. On t'en rappelle quelques-unes en marge du texte.

> Avant de lire, survole le texte, fais des prédictions et précise ton intention de lecture.

C'EST ARRIVÉ MERCREDI !

Aujourd'hui, c'est mercredi, les enfants ne vont pas à l'école. Pauline fait des courses pour sa maman. Elle rencontre Jeannette qui promène son chien.

«Pauline, sais-tu ce qui est arrivé à Julien hier ?» demande Jeannette.

«Non !» répond Pauline.

> Pour comprendre un mot difficile, sers-toi du sens de la phrase.

«Hier, en sortant de l'école, Julien a laissé tomber son cartable au milieu du passage clouté et un monsieur qui traversait derrière lui a marché dessus. Il a écrasé sa boîte de peinture !»

«C'est vrai ?» demande Pauline.

«Oui, c'est vrai ! lui répond Jeannette, c'est Grégoire qui me l'a dit !»

Un peu plus loin, devant la boulangerie, Pauline rencontre Sébastien qui va jouer au football.

«Sais-tu la nouvelle ?» lui demande Pauline.

«Non !» lui répond Sébastien.

«Alors écoute, hier en traversant la rue au passage clouté, Julien a manqué d'être renversé par une auto. Il a lâché son cartable et un gros monsieur qui le suivait l'a piétiné. Les tubes de sa boîte de peinture ont éclaté. Quand il a ouvert son cartable, toutes ses affaires étaient tachées !»

«C'est vrai ?» demande Sébastien.

«Oui, c'est vrai ! lui répond Pauline, c'est Jeannette qui me l'a dit.»

Sébastien a gagné son match, il est content; en retournant à la maison, il rencontre Sophie qui se rend chez sa grand-mère.

«Sophie, j'ai quelque chose à te dire!» dit Sébastien.

«Quoi donc?» lui demande Sophie.

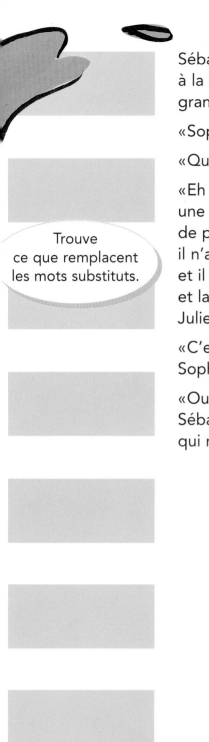

Trouve ce que remplacent les mots substituts.

«Eh ben, hier, au passage clouté, Julien est tombé devant une voiture. Derrière, il y avait un gros monsieur avec un pot de peinture. Comme le gros monsieur regardait en l'air, il n'a pas vu que Julien était par terre, il lui a marché dessus et il est tombé, lui aussi. Son pot de peinture a éclaté et la peinture a éclaboussé le cartable et les habits de Julien. Julien était tout taché!»

«C'est vrai?» lui demande Sophie.

«Oui, c'est vrai! lui répond Sébastien, c'est Pauline qui me l'a dit!»

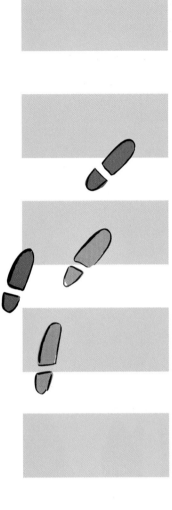

En sortant de chez sa grand-mère, Sophie rencontre Renaud qui flâne dans les rues.

«Renaud, tu veux savoir ce qui est arrivé à Julien?» demande Sophie.

«Oh! oui, dis-moi!» répond Renaud.

«Ça s'est passé hier, dans la rue, le pneu d'une voiture remplie de pots de peinture a éclaté à cause d'un clou au milieu du passage. La voiture a dérapé et renversé un monsieur très gros et très fort qui était en train de traverser. Les pots de peinture ont volé en l'air. Un pot de peinture rouge est tombé sur Julien, et s'est renversé sur ses habits et sur son cartable. Julien était tout rouge. Un autre pot de peinture, mais bleue, a atterri sur la tête du monsieur très gros et très fort.
Le monsieur était bleu de colère, alors il a piétiné la voiture et il l'a écrasée!»

«C'est vrai?» lui demande Renaud.

«Oui, c'est vrai! lui répond Sophie,
c'est Sébastien qui me l'a dit!»

Quelques rues plus loin, Renaud rencontre Léonard qui va prendre sa leçon de piano.

«Ouvre bien grandes tes oreilles, Léonard! dit Renaud, je vais te raconter quelque chose!»

«Qu'est-ce que c'est?» lui demande Léonard.

«Écoute, hier Julien a renversé une boîte de clous au milieu de la rue. Il y avait des clous partout, et les pneus des voitures ont éclaté. Alors, les voitures sont rentrées les unes dans les autres et puis un camion qui livrait des seaux de peinture est arrivé à toute allure, il a freiné très fort pour éviter les voitures, mais il n'a pu s'arrêter et il s'est retourné. Les seaux de peinture se sont renversés sur les voitures, sur les conducteurs et sur les passants, et sur Julien aussi. La rue était de toutes les couleurs. Ensuite, le chauffeur a remis le camion sur ses roues et il l'a fait d'une seule main, mais c'est normal, il était aussi fort qu'Hercule!»

«C'est vrai?» demande Léonard.

«Oui, c'est vrai! lui répond Renaud, c'est Sophie qui me l'a dit!»

Sépare
les longues phrases
en petits blocs.

COMMUNIQUER

Après sa leçon de piano, Léonard rencontre Marion qui va chez le dentiste.

«Marion, tu veux que je te dise ce qui est arrivé à Julien?» demande Léonard.

«Oui, raconte-moi vite!» répond Marion.

«Hier, en sortant de l'école, Julien s'est amusé au milieu de la rue. Pour ne pas le renverser, une voiture qui roulait très vite a foncé dans un camion-citerne, qui transportait de la peinture. La camion s'est retourné, la voiture a fait au moins trois tonneaux. C'était une voiture remplie jusqu'au plafond de clous, alors, pendant un grand moment, il a plu des clous, au moins cinq minutes!

Pendant ce temps, la peinture du camion s'est répandue sur les pavés, les couleurs se sont mêlées et la rue est devenue une mare qui ressemblait à un arc-en-ciel. Tout le monde pataugeait, glissait, tombait et s'étalait les quatre fers en l'air dans la peinture. Chaque fois que quelqu'un se relevait, il avait l'air d'un hérisson multicolore à cause des clous qui restaient collés sur les habits.

Et puis la peinture a commencé à couler vers les autres rues, alors, pour l'arrêter, un monsieur très, très, très fort a fait un barrage avec des voitures entassées les unes sur les autres. Il pouvait porter quatre voitures dans chaque main. C'était Hercule, mais avec la peinture personne ne l'a reconnu!»

«C'est vrai?» lui demande Marion.

«Oui, c'est vrai! lui répond Léonard, c'est Renaud qui me l'a dit!»

En sortant de chez le dentiste, il est tard. Sur son chemin, Marion ne rencontre aucune fille ni aucun garçon de sa classe. «Zut alors!» dit-elle en rentrant à la maison. Elle aussi a très envie de raconter à quelqu'un ce qui est arrivé hier à Julien. Demain, c'est jeudi, les enfants retournent à l'école.

Quand Grégoire, Jeannette, Pauline, Sébastien, Sophie, Renaud, Léonard et Marion reparleront avec Julien de son aventure, ils seront surpris de tout ce qui peut se passer en un seul jour de congé. Heureusement que ce n'était pas la semaine des quatre mercredis !!!!!

Christian Devèse, *C'est arrivé Mercredi!*,
Paris, Grasset & Fasquelle, 1990.

Donne ton opinion sur le texte.

• Quel mot choisirais-tu pour le qualifier? Explique ton choix.

Compare les différents récits de la mésaventure de Julien.

• D'un récit à l'autre…
  – qu'est-ce qui est semblable?
  – qu'est-ce qui change ou se transforme?

D'après toi, qu'est-ce qui est vraiment arrivé à Julien? Quels indices te permettent de le dire?

Fais des liens avec ta vie.

• En général, que penses-tu de la fiabilité des nouvelles qui voyagent de bouche à oreille?

Comment fais-tu pour évaluer ta manière de lire? Partage tes connaissances.

À ton tour d'inventer, avec quelques camarades, une nouvelle ou une rumeur qui se gonfle et se déforme de bouche à oreille.

Quels moyens utilises-tu pour communiquer avec l'extérieur ? À ton âge, quel moyen tes parents utilisaient-ils ? Et tes arrière-grands-parents ? Pour en savoir plus sur les moyens de communication, **lis** le texte ci-dessous. Mais avant, remplis un guide de prédiction.

Communiquer : d'hier à aujourd'hui

Aide-toi des intertitres pour prédire le contenu du texte.

L'être humain éprouve depuis toujours le besoin de communiquer. Pour y arriver, tous les moyens sont bons !

Signaux de fumée et tam-tam

Autrefois, on envoyait des messages simples et visibles de loin. C'était le cas, par exemple, des signaux de fumée. Pour obtenir de belles colonnes de fumée, on enflammait des bûchers ou on brûlait de l'herbe et des feuilles humides. Pour les Amérindiens qui utilisaient ce moyen de communication, une simple colonne de fumée indiquait le nouvel emplacement d'un campement tandis que trois colonnes annonçaient une bonne nouvelle.

On envoyait aussi des messages qu'on entend de loin. Toutes sortes d'objets transmettaient de tels messages. En Afrique, on se servait du tam-tam. Ce tambour utilisé pour faire de la musique était parfait pour envoyer des messages. Les messagers incas, quant à eux, communiquaient parfois en soufflant dans une conque géante (une sorte de coquillage).

Ces façons de communiquer ont laissé des traces. Aujourd'hui, on utilise des produits fumigènes (des produits qui dégagent beaucoup de fumée) pour envoyer des signaux de détresse. Très efficace, la sirène de l'ambulance ou du camion d'incendie envoie un message clair : « Urgence, libérez le passage ! »

Quand tu rencontres un mot difficile, lis la suite pour trouver une explication.

Livraisons exprès...

La livraison des messages à pied remonte à bien longtemps. En l'an 491 avant J.-C., un messager a couru environ 42 km jusqu'à Athènes pour annoncer la victoire de la Grèce à la bataille de Marathon. Malheureusement, il est mort d'épuisement à son arrivée. Depuis, la livraison de messages s'est grandement améliorée.

Entre 1800 et 1945, les pigeons voyageurs livraient souvent des messages. Attaché à une de leurs pattes, le message parvenait à destination en quelques heures, à moins que le pigeon ne meure en cours de route.

Le savais-tu ?

Dans plusieurs pays, des colombophiles continuent d'élever des pigeons voyageurs. Leurs oiseaux participent à toutes sortes de courses. Dotés d'un sens de l'orientation exceptionnel, ils couvrent facilement 600 km dans une journée !

Les premiers services postaux sont apparus en Chine, en Perse et dans l'Empire romain. Les messages, alors rédigés sur parchemin, étaient transportés à cheval ou par bateau; ils mettaient parfois des semaines à parvenir à leur destinataire. Au 19e siècle, le courrier a commencé à voyager un peu plus vite par train et, en 1918, par avion.

De nos jours, des entreprises de messagerie ultramodernes livrent des lettres et des colis partout sur la planète en un temps record. Certains de ces services permettent même de suivre les colis à la trace grâce à Internet.

Au bout du fil

L'invention de la «fée électricité» a entraîné, entre autres, le développement de moyens de communication beaucoup plus rapides. C'est d'abord le télégraphe électrique, inventé en 1837, qui a permis de communiquer rapidement des messages sur de longues distances. En 1866, un câble de télégraphe installé sous l'Atlantique reliait l'Europe et l'Amérique. Des messages en code morse voyageaient alors d'un continent à l'autre en quelques minutes. Par bateau, ces messages mettaient plus de dix jours à parvenir à leur destinataire !

Pour comprendre une phrase difficile, redis-la dans tes mots.

Le morse est un alphabet qui représente chaque lettre par une combinaison de points et de traits.

a	• ▬	n	▬ •
b	▬ • • •	o	▬ ▬ ▬
c	▬ • ▬ •	p	• ▬ ▬ •
d	▬ • •	q	▬ ▬ • ▬
e	•	r	• ▬ •
f	• • ▬ •	s	• • •
g	▬ ▬ •	t	▬
h	• • • •	u	• • ▬
i	• •	v	• • • ▬
j	• ▬ ▬ ▬	w	• ▬ ▬
k	▬ • ▬	x	▬ • • ▬
l	• ▬ • •	y	▬ • ▬ ▬
m	▬ ▬	z	▬ ▬ • •

Mais pour transmettre la voix humaine, il a fallu attendre qu'Alexander Graham Bell invente le téléphone en 1876. Dès l'année suivante, Bell commercialisait son invention et, petit à petit, le réseau téléphonique s'est développé.

Grâce aux percées de l'électronique, le réseau téléphonique achemine bien plus que la voix. Depuis 1984, le télécopieur transmet des écrits et des images par ligne téléphonique. Aujourd'hui, plusieurs ordinateurs personnels utilisent encore la ligne téléphonique pour transmettre des courriels, des images, des chansons, des séquences vidéo, etc.

Et le cellulaire dans tout cela? Il permet un pas de plus : téléphoner, télécopier et envoyer des courriels sans passer par les lignes téléphoniques!

Courriel...
CE MOT VIENT DE LA COMBINAISON DE **courrier** ET **électronique**.

Dans notre pays, on communique beaucoup par téléphone, par télécopieur et par ordinateur. Mais ce n'est pas le cas partout. En effet, plusieurs populations n'ont pas les ressources ni les réseaux nécessaires pour utiliser ces moyens. Ces populations communiquent autrement, mais communiquent quand même!

Pour évaluer ta manière de lire, demande-toi si tes stratégies de lecture ont été efficaces.

Exemple : Je ne comprenais pas le sens de «fumigène». J'ai continué de lire et j'ai trouvé une explication. Ma stratégie a été efficace.

Vérifie tes prédictions.

- Remplis de nouveau le guide de prédiction. Au besoin, réfère-toi au texte.
- Compare les choix que tu as faits avant et après la lecture.
- Dis ce que tu savais déjà et ce que tu as appris.

Place quelques moyens de communication sur une ligne du temps.

À quoi utilises-tu l'ordinateur ? Quelle place occupe-t-il dans ta vie ? Pour t'aider à réfléchir à ces questions, **lis** le texte suivant.

L'**O**R**D**I**, un puissant outil

L'ordinateur est plus qu'un infatigable partenaire de jeu : c'est aussi une formidable machine pour apprendre et communiquer.

Apprendre en «pitonnant»

La plupart des ordinateurs lisent les cédéroms. À toi donc de consulter les encyclopédies et autres documents culturels ou éducatifs offerts sur cédéroms. Ces sources d'information faciles à utiliser sont disponibles dans plusieurs bibliothèques ; tu peux les consulter sur place et parfois même les emprunter.

L'ordinateur permet aussi d'accéder à des sites Internet. Mais chercher dans Internet, c'est comme fouiller dans une immense bibliothèque. Pour s'y retrouver, on utilise un moteur de recherche. Ce moteur explore Internet par un ou plusieurs mots clés tapés dans sa zone de recherche.

Le savais-tu ?

Tu as trouvé un site intéressant ? Tu peux insérer son adresse dans le répertoire de «signets» de l'ordinateur (si nécessaire, demande de l'aide). Pour retourner à ce site, tu n'auras qu'à cliquer sur son signet.

Toutefois, Internet est tellement vaste qu'il est impossible de contrôler la qualité de l'information qui y circule. Pour faire le tri entre la bonne et la mauvaise information, demande l'aide d'un ou une adulte. Pour mettre les chances de ton côté, privilégie l'information offerte sur les sites officiels d'organismes reconnus. Ce sont, par exemple, les sites des musées, des gouvernements (villes, provinces, pays), des grandes organisations, des écoles, des bibliothèques et des médias. Consulte aussi les sites spécialement conçus pour les jeunes de ton âge.

Communiquer du bout des doigts

Internet est le moyen de communication qui se développe le plus rapidement. Il permet, entre autres, de communiquer par courriel, de participer à des forums de discussion et de clavarder («chater», prononcer *tchaté*).

La principale utilisation d'Internet est le courrier électronique, un moyen de communication d'une grande efficacité. Il permet d'envoyer et de recevoir rapidement toutes sortes de documents.

> CLAVARDER ?
> C'EST BAVARDER
> AU CLAVIER.

Les forums de discussion regroupent des personnes intéressées par un thème ou un sujet particulier. C'est comme un babillard : on peut y diffuser de l'information, poser des questions et donner des réponses.

Le clavardage est bien différent : c'est comme échanger par écrit au téléphone. Deux ou plusieurs personnes se donnent rendez-vous sur un site de clavardage. Là, elles échangent en direct, c'est-à-dire que les messages s'affichent au fur et à mesure qu'on les tape. Ils apparaissent sur l'écran de toutes les personnes qui participent à la «discussion».

Peu importe comment tu utilises Internet, ne révèle jamais ton identité, ne fournis jamais tes coordonnées (adresse, numéro de téléphone, nom de ton école, etc.). Si tu échanges avec quelqu'un qui insiste pour te rencontrer, parles-en à tes parents.

 Explique quelles stratégies t'ont été les plus utiles pour comprendre ce texte.

 Fais le point sur l'utilité de se questionner sur ses stratégies de lecture.

Montre ta compréhension du texte.

- Dis dans tes mots comment tu peux utiliser l'ordinateur pour t'informer et pour communiquer.

Remplis un questionnaire sur tes habitudes d'utilisation de l'ordinateur.

Comment rendre plus attrayants les textes que tu écris à l'ordinateur ? Pour faire le plein de bonnes idées, **lis** le texte ci-dessous.

Des textes endimanchés

AMÉLIORE L'APPARENCE DE TON TEXTE

Sélectionne (ou noircis) un mot ou une partie de texte et apportes-y une ou plusieurs des modifications suivantes.

- **Change la police de caractères.**

  La police de caractères, c'est la famille de lettres utilisée.

  Exemples : Fourmi à la plage (police : Times New Roman)
  Fourmi à la plage (police : Arial)
  Fourmi à la plage (police : Sand)

- **Modifie le corps des lettres.**

  Le corps de la lettre, c'est sa grosseur. Cela se mesure en points. Plus le nombre associé au corps de la lettre est élevé, plus la lettre est grosse.

  Exemples : Fourmi à la plage (**8 points**)
  Fourmi à la plage (12 points)
  Fourmi à la plage (16 points)

- **Mets en évidence un mot ou un passage.**

  <u>Souligne</u>, mets en *italique* ou mets en **caractères gras** une partie de texte que tu juges importante. Cela attirera l'attention de tes lecteurs.

- **Change la couleur des lettres.**

  Pour cela, choisis une couleur dans la palette de couleurs.

ATTENTION !
Utilise *ces* <u>effets</u> *avec* **modération** !

ATTENTION !
COULEURS ?
TEXTE ...

«HABILLE» TON TEXTE

Pense maintenant à la disposition du texte et à ce qui l'entoure.

- Vérifie l'espace entre les paragraphes.
  Ce sera plus joli s'il est identique d'un paragraphe à l'autre.

- Insère des images.
  Choisis tes images dans une banque d'images ou dans Internet, mais n'en mets pas trop !

- Modifie la taille des images.
  Grossis ou rapetisse les images pour qu'elles soient à ton goût. Pour effacer une image, clique dessus et appuie sur la touche d'effacement.

- Ajoute une bordure de page.

- Pagine ton texte.

Pendant que tu améliores ton travail, sauvegarde-le régulièrement.

Les vacances

J'aime l'été
C'est la liberté
Faire d'la trottinette
C'est super chouette
Voir mes amis
C'est le paradis
Jouer dans l'eau
C'est rigolo
Être en vacances
C'est toute une chance !

Les vacances

J'aime **l'été**
C'est la **liberté**

Faire d'la **trottinette**
C'est super **chouette**

Voir mes **amis**
C'est le **paradis**

Jouer dans **l'eau**
C'est **rigolo**

Être en **vacances**
C'est toute une **chance**!

Exerce-toi à endimancher un texte que tu as écrit à l'ordinateur.

Un courriel pour communiquer

Tu veux donner de tes nouvelles ? Tu veux communiquer rapidement une information ? **Écris** un courriel.

> Ma correspondante habite en Italie. Nous communiquons par courriel.

> Mon père et moi, on s'écrit souvent des courriels.

> J'ai envoyé un courriel pour inviter mes amis à mon anniversaire.

Analyse la situation.

Réfléchis à ton courriel.

- À qui écriras-tu ?
- Que se passerait-il si ton courriel ne parvenait pas à son ou sa destinataire ?

Prépare le terrain.

Rappelle-toi ce que tu sais des courriels.

- As-tu déjà reçu un courriel ? À quoi cela ressemblait-il ?
- As-tu déjà écrit un courriel ? Comment as-tu fait ?

Pense à ce que tu veux écrire. Habituellement, les courriels sont courts et simples.

Regarde comment les autres ont fait.

Observe les courriels de la page suivante pour en découvrir les parties.

- Compare les parties A des deux courriels. Fais la même chose avec les parties B et C.

Écris ton message.

Écris ton courriel.

- Évite d'écrire en lettres majuscules : c'est comme si tu criais !

À : anita.diorio@latour.com **A**

B Objet : vacances d'été

Message :

C Allô Mamie !

Je suis en vacances pour l'été ! Quand est-ce que je peux aller chez toi ? J'ai hâte de te montrer mon nouveau vélo de montagne. Il est rouge. Mon père viendra me reconduire quand tu veux.

Magali, ta souris

À : romane@citrus.qc.ca **A**

B Objet : mon anniversaire

Message :

C Salut Romane !

Vendredi prochain, c'est ma fête. Je t'invite chez moi vers 14 heures. On ira jouer au parc. Ensuite, on mangera du gâteau et on jouera à des jeux. Viendras-tu ?

Lambert

Relis ton message.

Demande-toi si ton message correspond bien à ce que tu veux dire.

- Que veux-tu y ajouter ou y enlever ? As-tu rempli ses trois parties ?

Des «binettes» pour exprimer des émotions

Combine certaines touches du clavier pour dessiner des visages qui résument ton humeur. Pour lire tes binettes, penche la tête vers la gauche.

Exemples : **:-)** je suis heureuse **:,-(** je pleure

:-D je ris **:-o** je suis surpris

:-(je suis triste **:-/** j'hésite

Corrige ton message.

Corrige ton texte à l'aide de ta *Fiche de correction*.

Envoie ton message.

Vérifie l'adresse électronique de ton ou ta destinataire.
Envoie ton courriel.

 Évalue ta manière d'écrire.
— Explique tes réussites et tes difficultés.

 Fais le point sur l'utilité de s'expliquer ses réussites et ses difficultés.

Des stratégies à mon service

 ## Mes stratégies pour mémoriser l'orthographe

1. Je photographie le mot. Pour cela, j'examine l'ordre de ses lettres et ses particularités (accent, cédille, trait d'union, etc.), puis je l'épelle. Ensuite, je ferme les yeux et j'essaie de voir le mot dans ma tête.

- J'y arrive ? J'écris le mot et je vérifie s'il est bien orthographié.
- Je n'y arrive pas ? J'examine le mot à nouveau.

2. Je compare des mots et je regroupe ceux qui présentent une ressemblance.
EXEMPLES : chaussure, basse, laisser
fille, famille, croustille
homme, pomme, comme

3. Pour retenir une consonne muette finale, je fais un lien…

entre un mot et son féminin ;
EXEMPLES : grand, grande   vert, verte   long, longue
blanc, blanche   gris, grise

entre un mot et un autre de même famille.
EXEMPLES : plomb, plombier   dent, dentiste   tapis, tapisser

4. Je dis le mot en le découpant en syllabes.
EXEMPLES : ordinateur = or/di/na/teur
lunette = lu/net/te
saucisse = sau/cis/se

5. Je compare l'écrit et l'oral d'un mot, puis je remarque les différences.
EXEMPLES : *Sirop* se termine par un *p* qu'on ne prononce pas.
Goût a un accent circonflexe sur le *u* et il se termine par un *t* qu'on ne prononce pas.

6. Je cherche dans le mot un plus petit mot que je connais.

EXEMPLES : dangereux   parapluie   bonhomme   malheureux

7. Pour retenir une particularité d'un mot, j'invente un truc un peu fou.

EXEMPLES : Pour me rappeler le *p* à la fin de *trop*, je dis le mot à l'envers : port !

Pour me rappeler le *tréma* dans *Noël*, je pense aux boules de Noël !

> Tu as tellement de mots à apprendre à écrire… Mieux vaut avoir de bons moyens de les retenir !

Mes stratégies pour apprécier des œuvres littéraires

> *Pendant et après la lecture d'œuvres littéraires, pour apprendre à porter un jugement sur ce que je lis…*

1. Je dis comment ce que je lis me touche.

2. Je fais des liens entre ce que vivent les personnages et ma propre vie.
  – Je me demande en quoi les personnages me ressemblent.
  – Je me demande ce que je ferais à leur place.

3. Je fais des liens entre différentes œuvres.
  – Je trouve des ressemblances et des différences entre elles.

4. Je me demande si ce que je lis peut vraiment arriver.

5. J'échange avec d'autres à propos de mes lectures.

> Ces stratégies t'aident à préciser ce que tu préfères dans ce que tu lis.

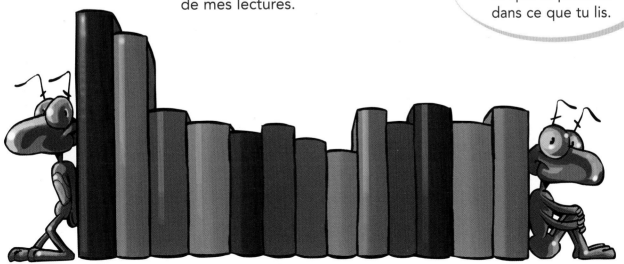

1. Je survole le texte.

– Je lis le titre et les intertitres, s'il y en a.

– Je regarde les illustrations, les photos, les tableaux et la disposition du texte.

– Je me demande ce que mon survol m'a appris sur le texte.
PAGES 8 À 13, 14 À 17

2. Je précise mon intention de lecture.

– Je me demande dans quel but je lirai le texte. PAGES 13 ET 17

3. Je fais des prédictions.

• Le texte est une histoire ? Je m'aide du survol pour dire ce que je pense qu'il arrivera dans l'histoire. PAGE 28

• Le texte n'est pas une histoire ? Je m'aide du survol pour dire ce que je m'attends à trouver dans le texte. PAGES 36 ET 39

> Préparer ses lectures, ça aide à lire. Comme tu lis beaucoup, cela t'est très utile !

Quand je ne comprends pas un **mot**, je choisis une stratégie qui m'aidera à régler le problème.

4. Je regarde les illustrations.

5. Je lis la suite.

– Parfois, un exemple ou une définition suit le mot difficile. Des petits mots ou expressions (**est**, **comme**, **aussi appelé**, **c'est-à-dire**, **il s'agit de**, **par exemple**) peuvent annoncer cette explication. PAGES 54 À 56

6. Je cherche un petit mot connu dans le grand mot difficile.
PAGE 71

7. Je me sers du sens de la phrase pour expliquer un mot.

– Je relis la phrase où il y a un mot difficile.

– Je fais une hypothèse sur le sens de ce mot.

– Je vérifie mon hypothèse. PAGES 76 ET 77

8. Je cherche le mot dans un dictionnaire.

9. Si nécessaire, je demande de l'aide.

Quand je ne comprends pas une **phrase** ou une **partie de texte**, je choisis une stratégie qui m'aidera à régler le problème.

10. Je relis une partie de texte en ralentissant ou en accélérant ma vitesse de lecture.

11. Je sépare la phrase en petits blocs.
    – Je regroupe les mots qui vont bien ensemble. Les virgules peuvent me servir d'indices pour faire mes regroupements.
    PAGES 92 ET 93

12. Je regarde les illustrations.

13. Je redis la phrase dans mes mots. PAGES 108 À 111

14. Je continue de lire.

15. Je repère les mots substituts et je me demande ce qu'ils remplacent. PAGES 134 À 139, 152 À 154, 167 À 169

Des mots et des phrases difficiles, il y en a dans presque tous les textes. Tes stratégies t'aident à surmonter ces obstacles.

16. Je demande de l'aide.

En fin de lecture, pour retenir l'essentiel…

17. Je récapitule l'histoire ou les informations en remplissant un schéma.

Après la lecture, pour évaluer ma manière de lire…

18. Je décris ma façon de lire.

19. Je me demande si j'ai respecté mon intention de lecture.

20. Je me demande si mes stratégies de lecture ont été efficaces.

21. Je m'explique mes réussites et mes difficultés de lecture.

C'est pour l'améliorer que tu évalues ta manière de lire.

Mes stratégies pour écrire

Avant d'écrire, pour planifier mon texte...

1. Je me rappelle ce que je sais sur la sorte de texte à écrire.
   - J'ai déjà lu un texte comme celui que je veux écrire ? Je me rappelle à quoi il ressemblait.
   - J'ai déjà écrit un texte semblable ? Je me rappelle comment j'ai fait.

2. Pour me donner des idées, j'utilise un déclencheur comme une image, une mélodie, un objet ou une odeur.

3. Je me demande pour qui et dans quel but j'écris un texte.

4. Avant d'écrire, je choisis mes idées et je les explore.

5. Je remplis un schéma pour m'aider à organiser mes idées.

> Écrire, c'est exigeant.
> Planifier facilite la tâche.

Pendant que j'écris, pour développer mon texte...

6. Je rédige un premier jet.
   – J'écris mon texte comme je pense qu'il doit être.

7. Je consulte mon plan, mon schéma ou ma liste d'idées.

8. Je relis ce que j'ai écrit pour enchaîner la suite.

> Voilà des moyens d'éviter les pannes de mots...

DES STRATÉGIES À MON SERVICE

9. Je me demande si ce que j'ai écrit correspond bien à ce que je veux dire.

10. Je compare mon texte avec ceux des autres.
    – J'observe ce qui est semblable et différent d'un texte à l'autre. Cela m'aide à repérer des passages à reformuler.

11. Je relis mon texte plus d'une fois.
    – Je repère des passages à reformuler.
    – Je réfléchis à des modifications possibles.
    – Je récris mon texte pour l'améliorer.

12. Je demande à une ou à plusieurs personnes de lire mon texte.
    – Parmi les commentaires reçus, je choisis les meilleurs et j'en tiens compte.

> Ces stratégies aident à voir les forces et les faiblesses du texte. C'est essentiel pour savoir quoi améliorer.

13. Je relis mon texte plusieurs fois. À chaque lecture, je laisse des traces de mes corrections. *FICHES DE CORRECTION*

14. Je consulte des ouvrages de référence (grammaire, dictionnaire, aide-mémoire, etc.).

15. Si nécessaire, je demande de l'aide.

> Corriger tes textes en améliore la qualité et la lisibilité.

16. Je décris la démarche suivie pour écrire le texte.

17. Je me questionne sur l'utilité des stratégies d'écriture que j'ai utilisées.

18. Je me demande si j'ai atteint mon intention d'écriture.

19. Je m'explique mes réussites et mes difficultés d'écriture.

> C'est pour améliorer tes textes que tu évalues ta manière d'écrire.

Mes stratégies pour communiquer oralement

Avant l'échange, pour préparer ce que je vais dire et comment je vais le dire...

1. Je me demande ce que je sais sur le sujet.
   - Je relis un texte sur le sujet.
   - Je pense à des gestes, à des exemples, à des illustrations ou à des objets utiles pour appuyer mes paroles.

2. Je pense à des mots nouveaux et à des expressions à utiliser.

3. Je réfléchis à ce que je dirai et j'en garde des traces que je pourrai consulter.

4. Avec mes coéquipiers, j'établis des règles pour que l'échange se déroule bien.

Mieux tu te prépares, mieux l'échange se déroule.

Pendant l'échange, pour intervenir correctement...

5. J'interviens à mon tour, selon les règles établies dans l'équipe.

6. Je formule mes idées le plus clairement possible.

7. Je reviens au sujet lorsque je m'en éloigne.

8. Dans mes choix de mots, je tiens compte des gens qui m'écoutent.

9. J'essaie de contrôler ma voix : je parle assez fort et pas trop vite ; je prononce clairement ; je mets de la vie dans ma voix.

Il est tellement important qu'on te comprenne !

10. Je regarde la personne qui me parle et je l'écoute attentivement.

11. Quand je ne comprends pas ce qu'on me dit, je demande des précisions.

12. J'utilise discrètement mon corps et l'expression de mon visage pour envoyer des messages comme «je ne comprends pas», «cela m'intéresse», «je suis d'accord», «je ne suis pas d'accord».

13. Quand je ne comprends pas un mot, j'écoute attentivement la suite.

14. Pour vérifier ma compréhension, je redis dans mes mots ce que j'ai entendu.

> Écouter les autres, c'est une des façons d'apprendre. Profites-en !

15. Je me questionne sur la qualité de mes interventions et sur celle de mon écoute.

16. Je m'explique mes réussites et mes difficultés en communication orale.

> C'est pour l'améliorer que tu évalues ta manière de communiquer oralement.

Mes stratégies pour faire une recherche

Avant de faire une recherche, pour m'aider à la préciser...

1. Je me demande ce que je sais sur le sujet et ce que je veux savoir.

2. Je dresse la liste des questions que je me pose.

Pendant ma recherche, pour trouver et noter l'information...

3. Je trouve et je consulte des documents de différentes sources: encyclopédies, cédéroms, Internet, émissions de télévision, etc.

4. Si nécessaire, je rencontre une ou plusieurs personnes-ressources.

5. Au cours de ma collecte d'informations, je sélectionne celles qui sont utiles et je les classe dans un schéma.

Après ma recherche, pour communiquer l'information...

6. Je choisis le meilleur moyen de présenter ma recherche, et je la présente.

7. Je m'explique mes réussites et mes difficultés en recherche.

> Toutes ces stratégies aident à développer de bonnes méthodes de travail.